本书系首都经济贸易大学2019年度科研基金项目“生态文明建设中的国有企业业绩评价问题研究”和中国会计学会2020年重点会计科研课题“生态文明建设中的国企绩效考核研究——基于自然资源资产负债核算视角”成果

生态文明建设背景下的国有企业业绩考核问题研究

方心童 著

中国财经出版传媒集团

图书在版编目（CIP）数据

生态文明建设背景下的国有企业业绩考核问题研究／方心童著．—北京：经济科学出版社，2021.10

ISBN 978-7-5218-2922-8

Ⅰ.①生…　Ⅱ.①方…　Ⅲ.①国有企业—企业管理—研究—中国　Ⅳ.①F279.241

中国版本图书馆 CIP 数据核字（2021）第 199798 号

责任编辑：谭志军
责任校对：王肖楠
责任印制：范　艳　张佳裕

生态文明建设背景下的国有企业业绩考核问题研究
方心童　著
经济科学出版社出版、发行　新华书店经销
社址：北京市海淀区阜成路甲 28 号　邮编：100142
总编部电话：010-88191217　发行部电话：010-88191522
网址：www.esp.com.cn
电子邮箱：esp@esp.com.cn
天猫网店：经济科学出版社旗舰店
网址：http://jjkxcbs.tmall.com
北京季蜂印刷有限公司印装
710×1000　16 开　10.25 印张　220000 字
2021 年 10 月第 1 版　2021 年 10 月第 1 次印刷
ISBN 978-7-5218-2922-8　定价：48.00 元
（图书出现印装问题，本社负责调换。电话：010-88191510）

前　言

国有企业作为中国特色社会主义经济制度的坚强基石，是国民经济的重要支柱。业绩考核是增强企业员工活力和提高企业竞争力的管理手段之一。推行实用、科学的业绩考核方法，对于实现企业的科学管理和可持续发展具有重要的导向作用。党的十八大提出，建设中国特色社会主义事业总体布局由经济建设、政治建设、文化建设、社会建设“四位一体”拓展为包括生态文明建设的“五位一体”，国有企业应模范地贯彻落实党和国家的重大战略及路线方针政策，主动承担起推进生态文明建设的历史使命。在生态文明建设的国家宏观层面，习近平总书记提出“正确处理经济发展与环境保护关系”，要把资源消耗、环境损害、生态效益纳入经济社会发展考核体系。在生态文明建设的企业微观层面，本书认为应正确处理生态环境业绩和经营业绩的关系。

实务中，许多国有企业，尤其是央属国企已在环保方面做了大量工作。2016 年 6 月 1 日，中国石油天然气集团有限公司（以下简称“中国石油”）发布的《2015 环境保护公报》是新《环境保护法》发布后第一个由国企发布的环境保护公报。尽管一些国有企业在生态环境保护方面取得了一定成果，但仍有少数国企片面追求经济效益，忽视对生态环境的保护，未能切实履行环境责任。目前，针对国有企业的业绩考核办法中，对经营业绩的考核内容和方法已做出了明确的规定及要求。新《环境保护法》在环境业绩考核方面，除了在第五章第二十九条和第六章第四十九条第二款中提到将“突发环境事件”“重大环境污染责任事故”作为“建立重大事项报告制度”和“给予降级或者扣分处理”的情况之外，并没有具体的环境业绩考核指标。因此，在“大力推进生态文明建设”战略决策背景下，将生态环境因素纳入国有企业业绩考核内容，建立体现生态文明建设要求的业绩考核系统具有极其重要的现实问题导向意义。

国有企业业绩考核与生态文明建设相关问题不仅在实务中具有重要意义，而且受到理论界的青睐，学者们就与此相关的一系列问题展开了激烈地讨论，例如，特朗普等（Trump et al.，2015），张等（2014），廖琳等（2014），克拉科森（Clarkson et al.，2013），宋建波、李丹妮（2013），科米尔等（Cormier et al.，2011），道金斯等（Dawkins et al.，2011），彼得·阿兹等（Aerts et al.，2009），郭道扬（2009），维西等（Onishi et al.，2008），伯内特等（Burnett et al.，2008）。

根据我国先秦时期的经典文献记载，中国人对生态文明的认知可以追溯到公元前2000多年的“禹铸九鼎”时代。基于对先秦时期的《山海经》《尚书·禹贡》《管子·地员》《周礼·天官》《荀子·王制》的相关内容之考证发现，那时人们对生态的关注主要集中在对自然资源的核算以及环境责任的明确方面（杨世忠、方心童，2020）。而我国关于生态文明理论的研究起始于1984年，当时著名生态学家叶谦吉最早使用了“生态文明”的概念。葛家澍、李若山（1992）将环境会计理论首次引入到我国，此后，学者们逐渐就该领域展开了研究，尤其是党的十七大以后，生态文明成为许多学科研究的热门课题（徐志耀、陈骏，2020；杨世忠、方心童，2020；黄溶冰等，2019；周守华等，2018；杨婷蓉、丁慧平，2017；耿建新、唐洁珑，2016；闫华红等，2016；耿建新等，2015；袁广达，2014；荆新，2014；王泽霞等，2014；冯巧根、冯圆，2013；周守华、陶春华，2012；杨世忠等，2010；王立彦等，2004；肖序，2007）。2007年，党的十七大报告中创造性地提出建设生态文明的重大命题和战略任务，党的十八大从新的历史起点出发，做出“大力推进生态文明建设”的战略决策，习近平总书记在党的十九大报告中又进一步提出“推进绿色发展、着力解决突出环境问题、加大生态系统保护力度、改革生态环境监管体制”等新时期新实践要求。《2020年政府工作报告》中再次明确“提高生态环境治理成效，促进生态文明建设”的发展目标。十九届五中全会更是将“生态文明建设实现新进步”作为“十四五”时期经济社会发展的主要目标之一。在实践中，一系列文件的密集出台，描绘了中央关于生态文明建设的顶层设计图，生态文明建设顶层设计已经形成，共同形成今后相当一段时期中央关于生态文明建设的长远部署和制度构架。

与此同时，学者们对于国有企业业绩考核问题的研究也取得了丰硕的成果。其中，一类研究对国有企业业绩考核问题本身展开了丰富的探索（周佰成，2016；汤谷良，2015；孙茂竹等，2013；申志东，2013；卢闯等，2010；林左鸣、顾惠忠等，2009；于增彪等，2008、2007；刘运国、陈国菲，2007；王化成、刘俊勇，2004；孙铮、吴茜，2002）。另一类研究主要就国有企业已实行的经济增加值（EVA）业绩考核的实施效果进行了激烈的讨论。一方面，有学者认为，经济增加值（EVA）的价值理念和资本成本（COC）观念能够激励经理人选择对公司价值有利的投资项目，能够制约非效率投资，例如，罗杰森（Rogerson，1997），金姆等（Kim et al.，1997），罗伯特（Robert，1999），乔尔（Joel，2004），黄卫伟、李春瑜（2004），翟振才（2009），姜再勇、严宝玉等（2007），另一方面，有学者发现，经济增加值（EVA）所倡导的股权资本成本似乎能导致管理层的短期化举动，如缩减资本投入，引起投资不足，例如，大卫和斯蒂芬（David and Stephen，2009），孙铮、吴茜（2003），刘运国、陈国菲（2007）。自2010年国务院国有资产监督管理委员会（以下称“国资委”）对中央企业全面实行经济增加值（EVA）业绩考核之后，我国学者开始关注经济增加值（EVA）与中央企业投资效率的关系（张先治、李琦，2012；郑艳洁，2013；池国华、邹威，2014）。

那么，我国国有企业现行业绩考核体系如何？已实行的经济增加值（EVA）业绩考核是否如国资委预期的那样，提高了国有企业及其控股上市公司的投资效率？在“五位一体”总体布局和在“大力推进生态文明建设”战略决策背景下，国有企业业绩考核的标准如何定位？生态环境业绩考核应包含哪些内容？为此，本书对我国国有企业现行业绩考核的运行和生态文明建设背景下国企业绩考核体系的构建进行了检验及设计。具体来说，本书尝试研究如下两个问题：

（1）我国国有企业现行业绩考核体系是什么？其实施的效果如何？

（2）我国生态文明建设的现状是什么？在生态文明背景下，国有企业业绩考核指标怎样设计？

本书研究的两个问题是紧密相连的，并非针对独立的两个主题。第一个问题是在我国国有企业现行业绩考核办法下分别采用规范研究、实地研究和实证研究的方法考察国有企业业绩考核内容的演进，国资委业绩考核办法的实行情况，以及在国资委大力推进经济增加值（EVA）考核的政策背景下，实证检验经济增加值（EVA）业绩考核的实施效果。国有企业的性质决定了它的考核标准，一方面体现在跟一般企业相同的经营效率和效益上；另一方面必须体现在是否实现了其所有者——国家和全民的意志和利益的特殊要求上。国有企业应模范地贯彻落实党和国家的重大战略及路线方针政策，主动承担起推进生态文明建设的历史使命。在生态文明建设的国家宏观层面，习近平提出“正确处理经济发展与环境保护关系”，要把资源消耗、环境损害、生态效益纳入经济社会发展考核体系。那么，在生态文明建设的企业微观层面，国有企业业绩考核的内容应当如何定位呢？本书的第二个问题针对该疑问进行了探索。

本书以我国国有企业为研究对象，针对上述两个问题展开研究，得到如下研究结论：

针对第一个问题，研究发现，国有企业业绩考核内容经历了实物产量考核、产值和利润指标考核、以投资报酬率为核心的财务指标考核、财务指标与非财务指标相结合的考核和国资委对央属国企的业绩考核五个阶段；通过对央属国企及其控股上市公司的调研发现，对方确实按照国资委的要求执行 EVA 考核，其考核内容也遵照国资委出台的《中央企业负责人经营业绩考核办法》的规定执行，国有企业京能集团综合业绩考核的维度包括战略管理、发展创新、经营决策、风险控制、基础管理、人力资源、行业影响、社会贡献八个维度；经济增加值（EVA）与非效率投资存在显著的负相关关系，从整体上看，EVA 与非效率投资之间存在倒“U”型关系，EVA 的积极效应存在适用空间，合理的 EVA 能够最大化降低非效率投资，但也存在过犹不及。进一步分析表明，相对于组织部门管理的国企负责人，国资委全权管理的国企负责人更加看重经济增加值（EVA）考核，因此在这部分国企控股的上市公司中，经济增加值（EVA）考核的治理作用更显著，它与非效率投资的负相关关系更强。在进行了一系列稳健性检验后，该结论依旧成立。

针对第二个问题，研究显示，目前国际影响较大的环境业绩考核标准，分别为 ISO14031 标准、WBCSD 生态效益考核标准、GRI 全球环境报告指南和可持续平衡计分卡方法；中国人对生态的认识与分类的文献记载源起于公元前 2000 多年的“禹铸九鼎”时代。我国关于生态文明理论的研究起始于生态学家叶谦吉，葛家澍、李若山（1992）将环境会计理论首次引入我国。“习近平生态文明观”《生态文明建设目标评价考核办法》和八次环境保护大会的召开以及一系列文件的密集出台，描绘了中央关于生态文明建设的顶层设计图；通过对广东省梅州市、黑龙家垦区的调研和对广东省惠州市、山东省的关注发现，我国生态文明建设的实践主要表现在自然资源资产负债表的编制、生态文明干部考核体系、中国特色农垦企业业绩考核、省管干部自然资源资产审计等方面；通过构建和选取适用于我国国有企业的绿色经济增加值（GEVA）价值创造模型、考核指标和管理能力考核内容，对生态文明视域下我国国有企业创值能力现状和发展趋势分析发现：国有企业近年的价值创造能力逐步提升，且有很大发展空间。虽然样本期间价值创造能力的整体呈现上升趋势，但年份间波动较大，且个别年份存在负值。我国国有企业的价值创造水平不高，价值创造能力的可持续性有待加强。在样本企业中，管理层对企业生态文明建设比较重视，生态文明制度设计和执行水平较高，且呈现逐年向好趋势。

本书的创新点主要体现在四个方面：

第一，本书在国有企业业绩考核的实证研究部分引入“国有企业管理者特征”这一影响因素，研究了不同特征的国企负责人所在的控股上市公司中经济增加值（EVA）业绩考核效用的差异，考察国企管理者特征因素对经济增加值（EVA）考核效果的影响，拓展了该领域文献的研究视角。

第二，本书在国有企业业绩考核的实证研究部分引入定量指标度量 EVA 值。在我国，尽管已有探讨经济增加值（EVA）考核与非效率投资关系的研究成果，但是，这些研究大都集中于定性研究，考察经济增加值（EVA）考核实施前后非效率投资的改善情况。本书引入经济增加值（EVA）定量指标，考察经济增加值（EVA）考核的具体效用以及不同效用程度对非效率投资所带来的不同影响，这有利于科学度量经济增加值（EVA）考核的有效性，弥补了已有文献的不足。

第三，本书选择生态文明这个视角来研究国有企业的业绩考核问题，从企业微观层面探讨生态文明与管理会计相关问题，在度量企业绿色经济增加值（GEVA）的同时，分析和考核其创值能力及管理能力，丰富了生态文明与会计本土化研究方面的文献。

第四，本书从微观层面探讨生态文明建设及相关问题，将“生态文明建设”因素引入企业，在“五位一体”战略指导下探索生态文明建设中的国企业绩考核体系，将生态环境因素纳入国企业绩考核的探讨中，突出“大力推进生态文明建设”战略决策对企业微观层面的指导，弥补了已有文献的不足。

目　录

第1章 导 论

1.1 本书的研究背景

1.1.1 现实关注

国有企业作为中国特色社会主义经济制度的坚强基石，是国民经济的重要支柱。业绩考核是增强企业员工活力和提高企业竞争力的管理手段之一。推行实用、科学的业绩考核方法，对于实现企业的科学管理和可持续发展具有重要的导向作用。党的十八大提出，建设中国特色社会主义事业总体布局由经济建设、政治建设、文化建设、社会建设"四位一体"拓展为包括生态文明建设的"五位一体"，国有企业应模范地贯彻落实党和国家的重大战略和路线方针政策，主动承担起推进生态文明建设的历史使命。在生态文明建设的国家宏观层面，习近平提出"正确处理经济发展与环境保护关系"，要把资源消耗、环境损害、生态效益纳入经济社会发展考核体系。在生态文明建设的企业微观层面，本书认为应正确处理生态环境业绩和经营业绩的关系，完善国有企业业绩考核体系。

本书要解决的是国民经济的支柱力量——我国国有企业的业绩考核问题。

实务中，许多国有企业，尤其是央属国企已在环保方面做了大量工作①。2016年6月1日，中国石油天然气集团有限公司发布的《2015环境保护公报》是新《环境保护法》发布后第一个由国企发布的环境保护公报②。尽管一些国有企业在生态环境保护方面取得了一定成果，但仍有少数国企片面追求经济效

① 新浪网：环境保护部规范央企环境行为，http：//gongyi. sina. com. cn/greenlife/2013 - 09 - 23/110245552. html。

② 凤凰网：央企首发环境保护公报，http：//news. ifeng. com/a/20160602/48897673_0. shtml。

益，忽视对生态环境的保护，未能切实履行环境责任①。目前，针对国有企业的业绩考核办法中，对经营业绩的考核内容和方法已做出了明确的规定和要求。而在环境业绩考核方面，除了在第五章第二十九条和第六章第四十九条第二款中提到将"突发环境事件"和"重大环境污染责任事故"作为"建立重大事项报告制度"和"给予降级或者扣分处理"的情况之外②，并没有具体的环境业绩考核指标。因此，在"大力推进生态文明建设"战略决策背景下，将生态环境因素纳入国有企业业绩考核内容，建立体现生态文明建设要求的业绩考核系统具有极其重要的现实问题导向意义。

1.1.2 理论关注

国有企业业绩考核与生态文明建设相关问题不仅在实务中具有重要意义，而且也受到理论界的青睐，学者们就与此相关的一系列问题展开了激烈地讨论，例如，特朗普等（Trump et al.，2015），张等（2014），廖琳（2014），克拉科森（Clarkson et al.，2013），宋建波、李丹妮（2013），科米尔等（Cormier et al.，2011），道金斯等（Dawkins et al.，2011），彼得·阿兹等（Aerts et al.，2009），郭道扬（2009），维西等（Onishi et al.，2008），伯内特等（Burnett et al.，2008）。

根据我国先秦时期的经典文献记载，中国人对生态文明的认知可以追溯到公元前2000多年的"禹铸九鼎"。基于对先秦时期的《山海经》《尚书·禹贡》《管子·地员》《周礼·天官》《荀子·王制》等相关内容考证发现，那时人们对生态的关注主要集中在对自然资源的核算以及环境责任的明确方面（杨世忠、方心童，2020）。我国关于生态文明理论的研究起始于1984年，当时著名生态学家叶谦吉最早使用了"生态文明"的概念。葛家澍、李若山（1992）将环境会计理论首次引入我国，此后，学者们逐渐对该领域展开研究，尤其是党的十七大以后，生态文明成为许多学科研究的热门课题（徐志耀、陈骏，2020；杨世忠、方心童，2020；黄溶冰等，2019；周守华等，2018；杨婷蓉、丁慧平，2017；耿建新、唐洁珑，2016；闫华红等，2016；耿建新等，2015；袁广达，2014；荆新，2014；王泽霞等，2014；冯巧根、冯圆，2013；周守华、陶春华，2012；杨世忠等，2010；王立彦等，2004；肖序，2007）。2007年，党的十七

① 新华网：环境保护部规范央企环境行为：发布环境违法、减排考核及处理处罚信息，http：//news. xinhuanet. com/politics/2013－09/23/c_125430656. htm。

② 国务院国有资产监督管理委员会令第33号：《中央企业负责人经营业绩考核办法》，2016年12月8日。

大报告中创造性地提出建设生态文明的重大命题和战略任务，党的十八大从新的历史起点出发，做出“大力推进生态文明建设”的战略决策，习近平总书记在十九大报告进一步提出“推进绿色发展、着力解决突出环境问题、加大生态系统保护力度、改革生态环境监管体制”等新时期新实践要求。在实践中，一系列文件的密集出台，描绘了中央关于生态文明建设的顶层设计图，生态文明建设顶层设计已经形成，共同形成今后相当一段时期中央关于生态文明建设的长远部署和制度构架①。

与此同时，学者们对于国有企业业绩考核问题的研究取得了丰硕的成果。其中，一类研究对国有企业业绩考核问题本身展开了丰富的探索（周佰成，2016；汤谷良，2015；孙茂竹等，2013；申志东，2013；卢闯等，2010；林左鸣、顾惠忠等，2009；于增彪等，2008、2007；刘运国、陈国菲，2007；王化成、刘俊勇，2004；孙铮、吴茜，2002）。另一类研究对国有企业已实行的经济增加值（EVA）业绩考核的实施效果进行了激烈讨论。一方面，有学者认为，经济增加值（EVA）的价值理念和资本成本（COC）观念能够激励经理人选择对公司价值有利的投资项目，能够制约非效率投资，例如，罗杰森（Rogerson，1997），金姆（Kim，1997），罗伯特（Robert，1999），乔尔（Joel，2004），黄卫伟、李春瑜（2004），翟振才（2009），姜再勇、严宝玉等（2007）；另一方面，有学者发现，经济增加值（EVA）所倡导的股权资本成本似乎能导致管理层的短期化举动，如缩减资本投入，引起投资不足，例如，大卫和斯蒂芬（David and Stephen，2009），孙铮、吴茜（2003），刘运国、陈国菲（2007）。自2010年国资委对中央企业全面实行经济增加值（EVA）业绩考核后，我国学者开始关注经济增加值（EVA）与中央企业投资效率的关系（张先治、李琦，2012；郑艳洁，2013；池国华、邹威，2014）。

尽管已有研究考察了国有企业业绩考核和生态文明建设的相关问题，已有文献可能存在两方面不足之处。

（1）研究内容方面。

第一，国有企业业绩考核较为重视经济业绩，对环境业绩关注不够，不能适应生态文明建设需要。已有文献对于国有企业的业绩考核的内容，更多是针

---

① 中共中央办公厅、国务院办公厅，《生态文明建设目标评价考核办法》，2016年12月2日；中共中央政治局会议，《关于加快推进生态文明建设的意见》，2015年3月24日；中共中央政治局会议，《生态文明体制改革总体方案》，2015年9月11日。

对经营业绩，忽略了生态环境业绩与经营业绩的协调统一。《中央企业负责人经营业绩考核办法》（国务院国有资产监督管理委员会令 22 号，2009；30 号，2012；33 号，2016；40 号，2019）初步设立了对国企进行业绩考核的部分标准及要素。但是，截至目前，国有综合业绩考核系统尚未真正建立。

第二，现有文献关于国有企业经济增加值考核效果的讨论尚未形成统一结论。

第三，已有文献大都只单纯地探讨国有经济增加值（EVA）与非效率投资的相关关系，缺乏从更细致的角度讨论经济增加值（EVA）对非效率投资的影响。

第四，已有文献大都只单纯地探讨企业环境业绩考核的内容，缺乏对环境业绩考核内容多维度的细分与探讨。

第五，企业微观层面生态文明建设研究不足。在已有文献中，对企业微观层面生态文明建设的关注较少，更多的是从国家宏观层面探讨生态文明建设问题。

第六，充分考虑我国制度背景的环境业绩考核研究较少。已有研究大都以西方发达国家的成熟经济为制度背景，对转型经济下的企业环境业绩考核问题研究不足。一些国际机构和国家虽然提出了环境业绩指标，但并不适用于我国企业。

（2）研究方法方面。

第一，国内探讨国企业绩考核的文献大都集中于定性研究，并没有度量考核指标的具体效用以及不同效用程度对企业所带来的不同影响，现有文献未触及国企业绩考核作用的内核。

第二，在现有文献中，描述式、实证、分析式和案例等研究方法①被国外文献普遍采用，实地研究和调查研究在国外研究中较常使用。相比之下，我国关于国有企业业绩考核的文献中，有超过一半都是描述性的、概念分析性的研究，其他研究方法的运用较少。

第三，已有文献关于国有企业业绩考核问题的研究样本期间大多集中于第 22 号令颁布的 2010 年左右的 1 ~2 年内，研究样本大部分为已实施经济增加值

---

① Hesford，Lee et al.（2006）将研究方法分为案例研究、实地研究、实证研究、分析式、回顾式、框架式、问卷调查式研究几种类型。其中，案例研究关注的是单一企业的管理会计现象；实地研究关注的是两个或多个企业的管理会计现象，资料取得方式可以是档案式数据、调查问卷、采访和实地观测；实证研究是利用公开渠道获得的数据对假设进行检验；分析式研究是通过设计理论模型来讨论某一些问题的最优化方案；回顾式研究是对先前文献的观点进行综合和总结；框架式研究是指通过建立新的概念框架结构来发展出新的管理会计研究观点或见解；问卷调查是向被研究单位发放问卷以获得数据的研究方法。另外，有一类文献在提出论点或观点的过程中没有使用数据或模型，仅仅是作者通过描述性的推理来陈述论点，杜荣瑞、肖泽忠和周齐武（2009）将这类研究定义为规范分析或描述性研究。

（EVA）考核的企业公司（包括国企和地方国有企业和确认实行 EVA 考核的非国有企业）。由于样本期间较短，并且样本企业存在差异，可能对研究结果造成影响。

因此，立足我国国有企业，探讨国有企业业绩考核和生态文明建设的相关问题具有重要的理论意义。

1.2 本书研究的问题

1.2.1 国有企业业绩考核标准

国有企业是国家设立的企业。国家不是一般的民事主体，所以，国有企业必然具有区别于作为普通民事主体的一般企业（非国有企业）的特殊性质。因而，对国有企业的业绩考核也必然具有同一般企业不同的要求和标准。也就是说，国有企业的业绩，一方面，要体现在跟一般企业相同的经营效率和效益；另一方面，必须体现在是否实现了其所有者——国家和全民的意志及利益的特殊要求上。因此，世界各国的国有企业都必须接受双重业绩考核。作为企业，要考核其经营效率的高低，是亏损还是盈利，是否具有市场竞争力等；作为特殊企业，必须考核其是否体现了国家意志和人民的整体利益要求。

当然，对国有企业的上述两种业绩考核属于不同层次。第一层次属于市场考核和企业效率或竞争力考核；第二层次属于所有者利益（国家和人民意志）考核。但是，国有企业的特殊性决定了第二层次的考核必然具有比一般企业更高的要求。也就是说，国有企业必然要承担国家和人民意志所赋予的责任，这是国有企业存在的根本理由。实际上，世界上任何国家都是这样要求国有企业的。换句话说，如果否定上述第二层次的业绩考核要求，实质上是否定国有企业存在的必要。

其实，国有企业经营者对于国有企业的这种双重业绩考核要求都具有切身感受。无论是否正式承认双重业绩考核，以及是否自觉认识到必须进行双重业绩考核，在企业经营管理的实践中，对国有企业的双重业绩考核都是一个客观存在的事实。曾有人设想，国有企业也可以成为具有跟非国有企业完全相同的机制和业绩要求的一般企业。他们认为，国有企业既然是“企业”就不应有除追求自身利润最大化（或者是“实现出资人股权价值最大化”）之外的其他行为目标。其实，真正了解国有企业，特别是对国有企业的实际运行有直接体验的人都明白，现实情况不是那样的，而且永远不会变得那样，除非不再是国有企业。国有企业同非国有企业可以完全“形似”，但不可能完全“神似”。形象地说，国有企业与非国有企业总是在形式相同的“躯壳”中依附着实质不同的“灵魂”，因而，其行为必然各有不同的追求。

1.2.2 生态文明建设背景下国有企业业绩考核的定位

如前所述，国有企业的业绩，一方面体现在跟一般企业相同的经营效率和效益上；另一方面必须体现是否实现了其所有者——国家和全民的意志及利益的特殊要求。当然，对国有企业的上述两种业绩考核属于不同层次。第一层次属于市场考核和企业效率或竞争力考核；第二层次属于所有者利益（国家和人民意志）考核。但是，国有企业的特殊性决定了第二层次的考核必然具有比一般企业更高的要求。也就是说，国有企业必然要承担国家和人民意志所赋予的责任，这是国有企业存在的根本理由。换句话说，如果否定上述第二层次的业绩考核要求，实质上是否定国有企业存在的必要。

“生态文明建设”是中国特色社会主义事业“五位一体”总体布局的重要方面。党的十八大报告指出，“建设中国特色社会主义，总依据是社会主义初级阶段，总布局是五位一体，总任务是实现社会主义现代化和中华民族伟大复兴……必须更加自觉地把全面协调可持续作为深入贯彻落实科学发展观的基本要求，全面落实经济建设、政治建设、文化建设、社会建设、生态文明建设五位一体总体布局，促进现代化建设各方面相协调，促进生产关系与生产力、上层建筑与经济基础相协调，不断开拓生产发展、生活富裕、生态良好的文明发展道路。”“五位一体”总布局是一个有机整体，其中，经济建设是根本，政治建设是保证，文化建设是灵魂，社会建设是条件，生态文明建设是基础。国有企业应模范地贯彻落实党和国家的重大战略及路线方针政策，主动承担起推进生态文明建设的历史使命。在生态文明建设的国家宏观层面，习近平提出“正确处理经济发展与环境保护关系”，要把资源消耗、环境损害、生态效益纳入经济社会发展考核体系。在生态文明建设的企业微观层面，本书认为，应正确处理生态环境业绩和经营业绩的关系，完善国有企业综合业绩考核体系。

综上所述，本书认为，在“大力推进生态文明建设”战略决策背景下，国有企业业绩考核应包含经营业绩和生态环境业绩两重标准。因此，本书在第 4 章和第 5 章分别就两重标准展开讨论。

1.2.3 问题的提出

为了探讨生态文明建设背景下国有企业业绩考核的相关问题，弥补已有文献的不足，本书具体研究以下两大问题。

（1）探讨我国国有企业现行业绩考核体系的相关问题。

首先，规范研究部分。整理国资委网站1991年至今发布的与业绩考核相关的政策文件，总结国有企业业绩考核内容的演进。

其次，实地研究部分。对部分国企集团及其控股的上市公司进行调研，考察国资委业绩考核办法的实行情况，此部分为实证研究的样本选取提供了佐证。同时，关注国有企业京能集团综合业绩考核体系。

最后，实证研究部分。自2010年国企业绩考核办法实施至本书研究已历经数年。那么，对于国企，经济增加值（EVA）考核究竟能否如国资委预期和西方文献发现的那样，提高国有资本的使用效率，使其价值创造水平得到增强呢？还是，反而增大了非效率投资发生的可能呢？本书将继续探讨该问题。此外，本书进一步探讨了经济增加值（EVA）与非效率投资之间的相关关系是否可能随着经济增加值（EVA）持续增加而发生改变，以及国企管理者特征对经济增加值（EVA）与非效率投资之间相关关系的影响，为该主题前面得到的研究结论提供了支持。

（2）探讨生态文明建设背景下国有企业业绩考核体系构建的相关问题。

首先，规范研究部分。总结现有环境业绩考核系统，并对其进行比较。追溯我国生态文明建设的源起。同时，聚焦现阶段我国生态文明建设的战略。

其次，实地研究部分。对广东省梅州市生态文明建设成果、黑龙江省农垦生态文明建设与农垦企业业绩考核现状进行调研，对调研对象和调研结果进行介绍及描述。同时，关注广东省惠州市守住“生态红线”、突出“五个管控”的生态文明建设亮点，以及山东省启动2018年省管干部自然资源资产审计等实践成效。

再次，选用鞍钢股份（000898）2014～2018年的数据作为研究样本，构建和选取适用于我国国有企业的绿色经济增加值（GEVA）价值创造模型、考核指标和管理能力考核内容，对样本企业的价值创造能力和管理能力进行分析与考核。

最后，就生态文明建设中如何提高国有企业价值创造能力和管理能力提出相应的建议及思考。

本书的研究思路如图1－1所示。

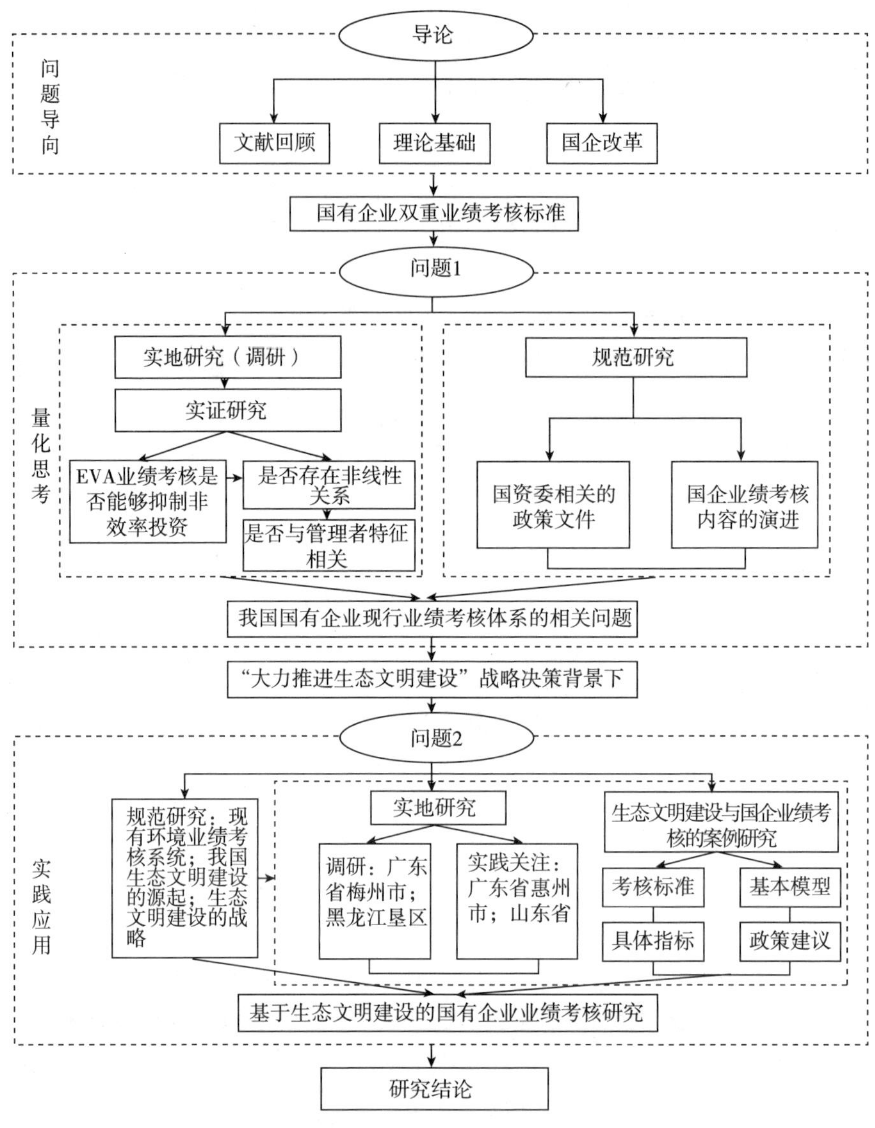

图 1-1　本书的研究思路

1.3　本书内容与结构安排

本书的研究内容由 6 章构成。

第 1 章为导论。本章的第 1 节与第 2 节，从本书的选题和研究背景出发，以现实背景和理论研究现状为基础，引出本书的研究问题。在第3节中，介绍了本书的内容和结构安排。第4节阐述了本书研究的创新点、理论意义和实践意义。第5节对文中涉及的重要概念进行了定义。

第2章为国内外研究现状与文献评述。本章分别针对研究中涉及的两大主题——国有企业业绩考核和生态文明建设进行了相关文献的综述，并梳理出已有文献存在的不足之处。在国有企业业绩考核部分，本章首先对现有国有企业业绩考核的相关研究做出概括性综述，然后对国有企业经济增加值（EVA）业绩考核、国有企业业绩考核与非效率投资这两方面与本书研究主题密切相关的文献进行详细回顾。生态文明建设部分的文献回顾，本章将从生态文明建设的相关研究和生态文明建设与企业业绩考核两个方面入手，对国内外关于生态文明建设的研究进行综述。本章的第3节，以上述两部分对有关文献梳理的情况为基础，进一步指出了已有文献中可能存在的不足之处。

第3章介绍了本书相关的理论基础。具体来说，第1节，国有企业相关理论部分，阐述了经济学中的企业理论以及国有企业改革系列理论。第2节，业绩考核相关理论部分，梳理了委托代理理论、利益相关者理论、目标管理理论、激励理论、公平理论、强化理论、期望理论。第3节，生态文明相关理论部分，就生态经济学理论、循环经济学理论、可持续发展理论、三种生产理论、“三生共赢”以及习近平中国特色生态文明建设理论进行了说明。

第4章探讨的是本书研究的第一个问题，即我国国有企业现行业绩考核体系的相关问题。首先，规范研究部分。整理国资委网站1991年至今发布的与业绩考核相关的政策文件，总结国有企业业绩考核内容的演进。其次，实地研究部分。对部分国企集团及其控股的上市公司进行调研，考察国资委业绩考核办法的实行情况，为实证研究的样本选取提供了佐证。同时，关注国企京能集团综合业绩考核体系。再次，实证研究部分。自2010年国企业绩考核办法实施至本书研究止已历经数年。那么，对于国企，经济增加值（EVA）考核究竟能否如国资委预期和西方文献发现的那样，提高国有资本的使用效率，使其价值创造水平得到增强呢？还是，反而增大了非效率投资发生的可能呢？本书将在问题一中探讨。此外，本书进一步探讨了经济增加值（EVA）与非效率投资之间的相关关系是否可能随着经济增加值（EVA）持续增加而发生改变，以及国有企业管理者特征对经济增加值（EVA）与非效率投资之间的相关关系的影响，为该主题前部分得到的研究结论提供了支持。最后，为本章小结。

第5章探讨了本书研究的第二个问题，即生态文明建设背景下国有企业业绩考核体系构建的相关问题。首先，规范研究部分。总结现有环境业绩考核系统，并对其进行比较。追溯我国生态文明建设的源起，同时，聚焦现阶段我国生态文明建设的战略。其次，实地研究部分。对广东省梅州市生态文明建设成果、黑龙江省农垦生态文明建设与农垦企业业绩考核现状进行调研，对调研对象和调研结果进行介绍和描述。同时，关注广东省惠州市守住“生态红线”、突出“五个管控”等生态文明建设亮点，以及山东省启动2018年度省管干部自然资源资产审计等实践成效。再次，选用2014～2018年鞍钢股份（000898）（即鞍钢股份有限公司）的数据作为研究样本，构建和选取适用于中国国有企业的绿色经济增加值价值创造模型、考核指标及管理能力考核内容，并对样本企业的价值创造能力和管理能力进行分析与考核，就生态文明建设中如何提高国有企业价值创造能力和管理能力提出相应的政策建议。最后为本章小结。

第6章为本书结论。本章总结了全书的研究结论，以及根据这些研究结论可能得到的启示，阐述了本书研究中可能存在的一些不足之处，以及未来的研究展望。

根据以上内容，本书的结构安排如图1－2所示。

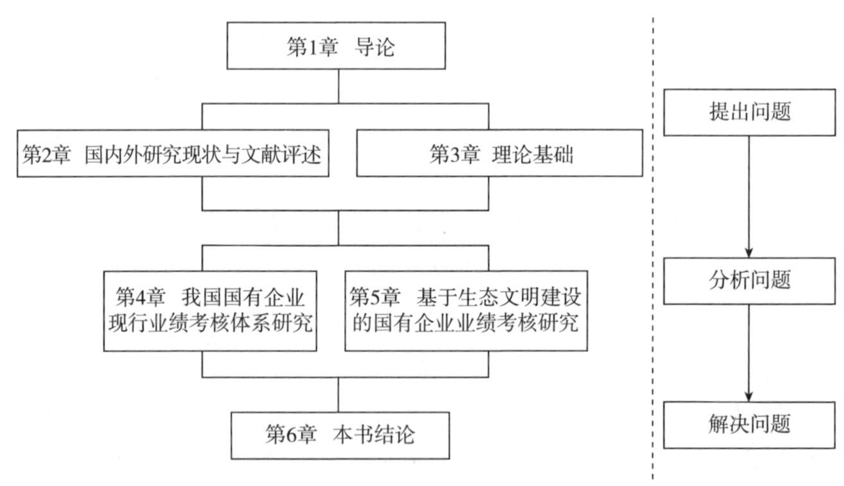

图1－2 本书的结构安排

1.4 主要创新与研究意义

本书立足于我国国有企业，以业绩考核为研究对象，探讨了生态文明建设下国有企业业绩考核的相关问题。本书具有一定的创新性和研究意义。

1.4.1 主要创新

第一，本书在国有企业业绩考核的实证研究部分引入“国有企业管理者特征”这一影响因素，研究了不同特征的国企负责人所在的控股上市公司中经济增加值（EVA）业绩考核效用的差异，考察国企管理者特征因素对经济增加值（EVA）考核效果的影响，拓展了该领域文献的研究视角。

第二，本书在国有企业业绩考核的实证研究部分引入定量指标度量EVA值，在我国，尽管已有探讨经济增加值（EVA）考核与非效率投资关系的研究成果，但这些研究大都集中于定性研究，考察经济增加值（EVA）考核实施前后非效率投资的改善情况。本书引入经济增加值（EVA）定量指标，考察经济增加值（EVA）考核的具体效用以及不同效用程度对非效率投资所带来的不同影响，这将有利于科学度量经济增加值（EVA）考核的有效性，弥补了已有文献的不足。

第三，本书选择生态文明视角研究国有企业的业绩考核问题，从企业微观层面探讨生态文明与管理会计相关问题，在度量企业绿色经济增加值（GEVA）的同时，分析和考核其创值能力及管理能力，丰富了生态文明与会计本土化研究方面的文献。

第四，本书从微观层面探讨生态文明建设及相关问题，将“生态文明建设”因素引入企业，在“五位一体”战略指导下探索生态文明建设中的国企业绩考核体系，将生态环境因素纳入国企业绩考核的探讨，突出“大力推进生态文明建设”战略决策对企业微观层面的指导，弥补了已有文献的不足。

1.4.2 理论意义

第一，本书立足于我国国有企业，运用定量研究、实证研究和实地研究等方法，从国有企业管理者特征和是否存在非线性关系等更细致的角度探讨了国企经济增加值（EVA）业绩考核与非效率投资的关系，在研究方法和研究视角方面丰富并拓展了经济增加值（EVA）考核与非效率投资关系的相关文献。

第二，本书从业绩考核视角对非效率投资的制约机制进行探讨，不仅关注经济增加值（EVA）与过度投资的关系，同时对经济增加值（EVA）与投资不足的关系进行了研究，丰富和补充了非效率投资制约机制的相关文献。

第三，本书将“生态文明建设”因素引入国企业绩考核的探讨中，不仅关注经营业绩考核，同时对生态环境业绩考核进行研究，尝试设计出适用于国企的生态环境业绩考核指标方案并提出相关政策建议，丰富和补充了国有企业业绩考核的相关文献。

第四，本书立足于我国国有企业，充分考虑转型经济背景下我国环境管理制度以及制度执行过程中的不完备性，以及这些制度因素差别对企业的环境行为选择造成的影响，丰富了环境管理会计本土化研究的相关文献。

1.4.3 实践意义

首先，有利于国有企业经营业绩和环境业绩的协调统一。本书有助于国企更好的理解生态环境因素的影响，有针对性的优化管理者行为，提高企业价值创造水平，实现综合业绩的整体提高。

其次，有利于生态文明制度建设在企业微观层面的落实。通过本书的探讨，能够更好地了解生态文明制度对国企环境行为的影响，清楚生态文明建设在企业微观层面的实施现状，为进一步深入推进生态社会主义制度建设提供新的参考思路和决策支持。

1.5 主要概念界定

1.5.1 国有企业的界定

国有企业，是指国家对其资本拥有所有权或者控制权，政府的意志和利益决定了国有企业的行为。按照国有资产管理权限划分，国有企业分为中央企业（由中央政府监督管理的国有企业）和地方企业（由地方政府监督管理的国有企业）。

广义的国有企业通常包含三种类型的企业：

第一种类型是国务院国资委管理的企业，从经济作用上可以划分为军工、电信等提供公共产品的企业，提供石油等自然垄断产品的企业和一般工业、建筑、贸易等提供竞争性产品的企业。

第二种类型是银保监会、证监会管理的五大国有银行（建行、农行、中行、交行、工行）、中国进出口银行、中国农业发展银行、国家开发银行等金融企业。

第三类是国务院其他部门或群众团体管理的烟草、黄金、铁路客货运、港口、机场、广播、电视、文化、出版等行业的企业。

狭义的国有企业通常指国务院国资委监督管理的企业。

1.5.2 生态文明建设的内涵

党的十七大报告①中创造性地提出建设生态文明的重大命题和战略任务，指出“建设生态文明，基本形成节约能源资源和保护生态环境的产业结构、增长方式、消费模式。循环经济形成较大规模，可再生能源比重显著上升，主要污染物排放得到有效控制，生态环境质量明显改善，生态文明观念在全社会牢固树立。”党的十八大②从新的历史起点出发，做出“大力推进生态文明建设”的战略决策，指出，“当前和今后一个时期，要重点抓好四个方面的工作：一是要优化国土空间开发格局；二是要全面促进资源节约；三是要加大自然生态系统和环境保护力度；四是要加强生态文明制度建设。”习近平在十九大报告中③又进一步提出“推进绿色发展、着力解决突出环境问题、加大生态系统保护力度、改革生态环境监管体制”等新时期新实践要求。“2020年政府工作报告”中再次明确“提高生态环境治理成效，促进生态文明建设”的发展目标。十九届五中全会更是将“生态文明建设实现新进步”作为“十四五”时期经济社会发展的主要目标之一。

“生态文明建设”是中国特色社会主义事业“五位一体”总体布局的重要方面。党的十八大报告指出，“建设中国特色社会主义，总依据是社会主义初级阶段，总布局是五位一体，总任务是实现社会主义现代化和中华民族伟大复兴……必须更加自觉地把全面协调可持续作为深入贯彻落实科学发展观的基本要求，全面落实经济建设、政治建设、文化建设、社会建设、生态文明建设五位一体总体布局，促进现代化建设各方面相协调，促进生产关系与生产力、上层建筑与经济基础相协调，不断开拓生产发展、生活富裕、生态良好的文明发展道路。”“五位一体”总布局是一个有机整体，其中经济建设是根本，政治建

---

① 中国共产党第十七次全国代表大会，《高举中国特色社会主义伟大旗帜，为夺取全面建设小康社会新胜利而奋斗》，2007年10月15日。

② 中国共产党第十八次全国代表大会，《坚定不移沿着中国特色社会主义道路前进，为全面建成小康社会而奋斗》，2012年11月8日。

③ 中国共产党第十九次全国代表大会，《决胜全面建成小康社会，夺取新时代中国特色社会主义伟大胜利》，2017年10月18日。

设是保证，文化建设是灵魂，社会建设是条件，生态文明建设是基础。

综上所述，都深刻揭示了中国特色社会主义生态文明建设的内涵和本质。

1.5.3 经济增加值（EVA）

经济增加值（EVA）的概念源自1991年出版的“The Quest for Value”一书，其思想来源于经济利润和剩余收益的理念，经济增加值（EVA）等于税后净营业利润（Net Operation Profit After Tax，NOPAT）与资本成本（Cost of Capital，COC）的差额。其最大的特点是，不仅考虑了债务资本，还考虑了股权资本在内的全部资本成本。EVA的创始人思腾思特公司认为，经济增加值（EVA）指标与经理薪酬挂钩，使得管理层重视资金成本概念，进而以为股东创造价值为基础进行决策。

如图1－3所示，经济增加值（EVA）是集考核指标（Measurement）、管理体系（Management）、激励制度（Motivation）和理念体系（Mindset）于一体有效价值管理体系，即“4M”体系。EVA主要通过渗透到企业各个经营管理领域、各个业务环节来塑造企业战略架构。综合起来说，以EVA考核为基础，以管理体系为手段，以激励制度为核心，以理念体系为先导。

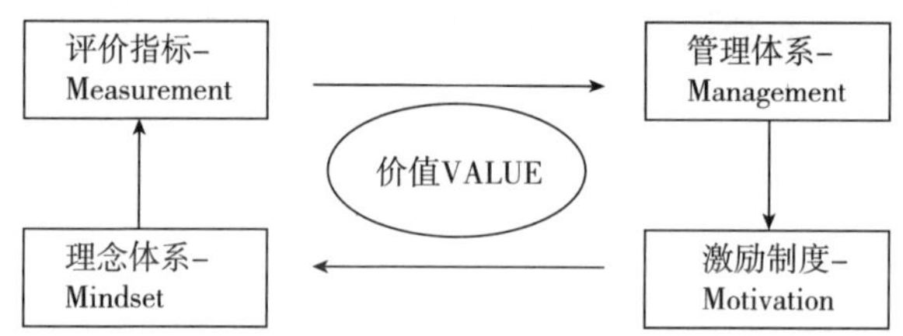

图1－3 经济增加值（EVA）的“4M”

资料来源：笔者自绘。

2010年1月1日，《中央企业负责人经营业绩考核暂行办法》国务院国有资产监督管理委员会令第22号出台，标志着国资委在央属国企全面实行经济增加值（EVA）业绩考核。2013年1月1日开始施行的国资委第30号令，进一步结合我国国情，定义出适用于央属国企的经济增加值（EVA）度量方法，具体内容如下：

经济增加值＝税后净营业利润－资本成本＝税后净营业利润－调整后资本×平均资本成本率　　式（1－1）

税后净营业利润[①] = 净利润 + （利息支出 + 研究开发费用调整项）× （1 - 25%）　式（1 - 2）

调整后资本 = 平均所有者权益 + 平均负债合计 - 平均无息流动负债 - 平均在建工程　式（1 - 3）

1.5.4　非效率投资

广义的投资是指企业以获取未来价值增值以及以预期报酬为目的而选取现时支付现金的行为。按照投资对象的差异，公司投资可以划分为生产性资产投资以及金融性资产投资。生产性资产投资是公司把资金投资于厂房、机器设备等实物资产的行为。金融资产投资是公司把资金投资于股票、债券等金融资产的行为。本书关注的是公司生产性资产投资，也就是公司把资金投资于厂房、机器设备等生产经营所需的实物资产的投资。依照资产带来收益的时间，生产性资产投资进一步区分成流动资产投资和长期资产投资。由于长期资产具有投资耗费金较多、回收周期较长、变现力较差等特点，长期资产投资决策改变的成本较高，因此，长期资产受到公司经理人的高度重视，也是公司财务领域研究的重点问题之一。本书关注的长期生产性资产投资仅仅包含固定资产、无形资产。在实证研究中，目前对于投资变量的确定方法主要有两种：第一种，把总投资当作研究对象［（法拉利（Fazzari，1988），朱红军等（2006），连玉君（2007）］；第二种，把净投资作为研究对象，具体来说，是用总投资扣除固定资产折旧、无形资产摊销之后剩余的投资量作为研究对象［理查森（Richardson，2006）；辛清泉等，2007］。本书研究的净投资是包含固定资产、无形资产的长期生产性资产。

“以给定要素投入、生产技术为前提，经济资源未产生浪费，或最大可能的被充分用以生产”，这是经济学对于效率的定义。现代企业通常以价值最大化作为经营的目标，所以，所有的行为，也包含投资行为，应该以是否能够成就公司价值最大化为准则。因此，具体到公司的投资行为，有效率的投资应该是令公司价值最大化的投资。但是，源于信息不对称和代理问题，公司的经理人往往把资金投资于 NPV 小于零或放弃 NPV 大于零的项目，导致公司的实际投资花费常常偏离价值最大化的最优水平，造成投资过度或者投资不足。福利经济学

① 第30号令与第22号令在计算时的区别在于，将企业通过变卖主业优质资产等取得的非经常性收益在税后净营业利润中全额扣除。

认为，“完美的均衡是使经济处于最有效的状态”，因此，有效率的投资是使公司价值最大化的投资。

现实投资水平偏离理想投资水平的程度是本书定义的非效率投资。投资过度表现为现实投资大于理想投资的程度，投资不足表现为现实投资小于理想投资的程度。不管投资过度或投资不足，都将以牺牲企业投资效率为代价，破坏企业价值最大化目标，所以，本书把投资过度和投资不足共同称为非效率投资。

第2章 国内外研究现状与文献评述

2.1 国有企业业绩考核研究现状

2.1.1 国有企业业绩考核的相关文献

近年来，国内对国有企业业绩考核的研究日趋完善和丰富起来。与此同时，由于国有企业几乎是我国特有的企业治理制度，国外对我国国有企业业绩考核的研究几乎为空白。本书对近10年相关领域的代表性文献和观点进行回顾。

王济民、赵奇（2016），王济民、蔡颖（2016）认为，财务业绩考核指标的选择是准确考核企业业绩的关键环节，指标的合理与否直接决定了考核结果的科学性。

王济民、赵奇（2016）对目前主流的业绩考核模型进行归纳总结，为新一轮改革中我国国有企业业绩考核模型的优化提供理论参考。

徐佳、陈艳（2016）研究了国有企业业绩与各个利益相关者之间的关系，选取了148家国有企业作为研究范本。根据数据模型的研究结果，最终对影响国有企业业绩的利益相关者进行了排序，为企业决策提供了理论依据。

闫华红、邵应倩（2016）在当前国有企业业绩考核方法不变的基础上，提出了分类考核改革所面临的重点和难点，并针对基本划分下的三类国有企业的发展方向，提出分类考核要选择科学的考核改进方法、推进国有企业改革重组进程、加强考核机制与薪酬奖励挂钩等建议。

张立民等（2015）认为，相对于樊纲指数，更为微观的政府审计质量是影响政治关联对国有企业业绩作用发挥的重要因素。在不考虑政府审计质量的情况下，国有股权政治关联会降低企业的业绩，而高管政治关联会提升企业业绩；在考虑政府审计质量的情况下，政府审计质量越高，高管政治关联提升作用越不明显，也越会降低股权政治关联对企业业绩的损害作用。

王文成、王诗卉（2014）在对中国国有企业履行社会责任的现状及存在的问题进行评析的基础上，选择固定效应的面板数据模型，实证研究了中国国有企业社会责任与企业业绩之间的相关性。结果表明：国有企业社会责任与企业业绩具有联动效应，且二者相辅相成相互促进。

金姆等（Kim et al.，2012）提出了业绩指标的概念和考核方法，并通过平衡计分卡的业绩指标来衡量企业的组织任务、战略目标或业绩目标是否完成，运用平衡计分卡方法，制定出针对公共部门机构的业绩指标和考核方法。

杜菲等（2012），以国资委对国有企业的考核为背景，分析了 63 家国有企业 2005～2007 年政府对这些企业的评分、评分的调整以及登记评估的档案记载。研究发现：在政府对企业进行业绩考核的过程中，存在自下而上的影响活动和自上而下的偏袒行为。这些分析与从国资委官员和国有企业的财务总监那里通过深度实地采访而得到的结果是一致的。

陈学敏（2011）将经济增加值和平衡计分卡的分析理念相结合，试图构建国有外贸企业的业绩考核指标体系，并从财务、客户、内部经营管理和创新四个方面，构建了对企业盈利能力、营运能力、偿债能力、发展能力、市场份额、客户满意度、员工能力、经营能力、管理能力、学习与创新能力等方面的业绩考核指标体系。

李灿（2011）在仔细分析当前国有企业业绩考核体系中存在的问题以及理论和现实之间的困境基础上，提出基于利益相关者视角的国有企业业绩考核模式。

杨洵、罗海燕（2010）从企业的财务效益等方面构建了国有企业灰色关联考核模型，并利用 6 家公司的年度财务数据，对该模型进行了实证检验。研究表明：灰色关联理论对国有企业业绩考核是有效的。

2.1.2 国有企业经济增加值业绩考核

经济增加值（EVA）度量的是以股东为主体的公司利润，其中的资本成本不仅包含债务资本成本，而且包含股权资本成本。

经济增加值（EVA）价值管理体系的理论基础是代理理论，由于委托人与代理人之间的信息不对称，委托人无法获得代理人的努力程度和业绩结果的真实信息。经济增加值（EVA）作为业绩考核指标相对于传统会计收益指标的好处是，经济增加值（EVA）在计算时不仅考虑债务资本成本，同时考虑股权资本成本，能使代理人（管理者）的动机和行为与股东的终极目标很好的联系起来，最大限度减少两权分离下代理冲突引起的代理成本。经济增加值（EVA）等于税后净营业利润（net operation profit after tax，NOPAT）与资本成本（cost of capital，COC）的差额，具体计算方法如式（2-1）所示：

$$EVA = NOPAT - COC \quad \text{式（2-1）}$$

目前，关于经济增加值（EVA）（以下简称“EVA”）的研究可以划分为EVA 管理体系介绍、EVA 运用的领域和经验、EVA 的价值相关性、EVA 与其他 MCS（management control systems）的融合、基于 EVA 的公司财务问题以及关于 EVA 的研究评述六类文献。本书首先对现有经济增加值（EVA）的相关研究做出概括性综述，然后对经济增加值（EVA）业绩考核与管理者决策这一与本书研究内容密切相关的文献进行详细回顾。

2.1.2.1 经济增加值（EVA）业绩考核的相关研究

（1）EVA 管理体系介绍。

阿迪亚多·巴特（Adimando，C.，R. Butler，et al.，1994）介绍了 EVA 作为业绩考核工具的应用问题。后期，关于 EVA 的计算方法［沃辛顿和韦斯特（Worthington and West，2001）；斯图尔特（Stewart，1994）］以及 EVA 调整项目的探讨［杨（Young，1999）；陈和多德（Chen and Dodd，1997）］的文献不断出现。兰伯特（Lambert，2001）讨论了基于 EVA 等剩余收益指标作为业绩考核依据时代理人最优薪酬契约设计相关问题。刘刚（1994）发表了该领域较早的文献，刘刚（1994）把经济增加值（EVA）当作一类度量股份制公司经济效益的全新方法进行导入性的介绍。此后，张小利（1998）考察了经济增加值（EVA）作为业绩考核指标的内在原理，其余学者对经济增加值（EVA）的奖金体系（谷祺、于东智，2000；黄卫伟、李春瑜，2004；周齐武，2004）、经济增加值（EVA）理念与内部价值管理（胡玉明，2003；胡玉明，2008；姜宏、刘成竹，2010）进行了叙述。近些年以来，伴随国资委对央企负责人施行经营业绩经济增加值（EVA）考核，我国的学者们又开始关注经济增加值（EVA）（池国华、朱俊卿，2010；李洪仪，2010；刘放、杨小舟，2011；张星燎，2010），并对经济增加值（EVA）价值评估体系进行了讨论（张继东，2010）。

（2）EVA 的运用的领域和经验。

思腾思特公司要求经济增加值（EVA）的使用者必须在公司各层级代理人业绩考核中全部使用经济增加值（EVA）指标作为业绩考核体系的基础［克斯蒂根等（Costiganet al.，2002）］。基于 EVA 的理论基础，克斯蒂根等（Costiganet al.，2002）实证发现，代理问题越严重，企业越倾向于在企业高管薪酬合约中采用经济增加值（EVA）考核体系。与此同时，克斯蒂根等（Costigan et al.，2002）也验证了依特纳等（Ittne et al.，1997）的观点，即：使用防御战略也可以称为“成本领先战略的企业相比使用创新战略的企业更愿意使用经济增加值（EVA）”这一组织战略观点。并且，经济增加值（EVA）可以为企业内的商业战略考核、并购与资本投资项目、管理层业绩目标设定、管理者业绩评估等许多板块的决策提供信息［汉隆等（Hanlon et al.，1998）］。布朗维奇和沃克（Bromwich and Walker，1998）根据过去的剩余收益的优缺点，设计了基于 EVA 等剩余收益指标的最优薪酬激励合约的形式，指出，只要运用得当，经济增加值（EVA）财务管理体系能够产生自我管理和激励的企业内部治理效应。相似地，杜塔等（Dutta et al.，1999）探讨了在动态背景下经济增加值（EVA）等 RI 指标用在资产定价与最优薪酬合约设计方面的问题。类似的研究还有霍贾克（Hodak，2000）、杜塔等（Dutta et al.，2002）、汉隆等（Hanlon et al.，2002）和杜塔等（Dutta et al.，2005），这些研究通过建立理论模型分别讨论了 EVA 等剩余收益指标用于决策、业绩考核、资产定价和管理层激励等领域的最优化设计问题。经济增加值（EVA）还可以应用于投资决策［霍贾克（Hodak，1004）］等领域，同时，米兰（Milano，2000）揭示了 EVA 应用于“新经济”行业时的相关问题。郭洪、许一涌等（2010）利用实证研究方法探讨了 EVA 可应用于考核股东价值效率。EVA 还可以用于考核投资效率（姜再勇、严宝玉等，2007）和考核国有企业经济效益（孙光国、池国华，2001）。卢闯、杜菲等（2010）以国资委对共 95 家中央企业 2005～2007 年 EVA 的测算结果作为被分析的对象，研究发现，中央企业高管人员政治联系显著影响试算的经济增加值（EVA）排名。池国华、邹威（2014）的研究引进了薪酬经济增加值（EVA）敏感性度量经济增加值（EVA）考核与经理人薪酬相互挂钩的激励作用，该文以 2010～2012 年沪深两市 A 股国有上市公司作为研究样本，分别研究了基于经济增加值（EVA）的经理人薪酬系统对代理成本和非效率投资的影响效果。

针对国资委将经济增加值（EVA）指标纳入国企负责人年度经营业绩考核这一事件，斯特恩（Stern，2011）指出，经济增加值（EVA）运用后会有助于提升我国企业的国际竞争力，提高公司的创新能力以及国际地位，对公司文化、员工行为也会有一定程度的价值导向作用。马尔米等（Malmi et al.，2003）按照依特纳等（Ittne et al.，2001）的价值管理（value – based management，VBM）系统，对芬兰的 6 家企业做了实地调研，用以考察经济增加值（EVA）等价值管理工具的施行情况。戈德瑞吉（Godrej，2004）简介了戈德瑞吉（Godrej）集团成功施行经济增加值（EVA）的经验，在业绩考核和经理人激励中使用了经济增加值（EVA）指标后，企业的市场份额、股价以及客户满意度、员工满意度均有了相当程度的提高。詹姆斯和休斯敦（James and Houston，1996）认为，经济增加值（EVA）在银行业运用时比净资产收益率指标和 ROI 指标更好。马麦克和高（Mccormack and Gow，2001）和马麦克（Mccormack et al.，1998）分别简介了将经济增加值（EVA）应用于开发与生产行业、石油天然气行业的案例。金姆等（Kim et al.，1997）结合实际例子探讨了日本企业如何运用经济增加值（EVA）。与国外相比，我国运用经济增加值（EVA）的案例研究比较稀少。也有一批公司率先将经济增加值（EVA）指标运用于经理人业绩考核、投资决策等方面，而且涌现了一批对上述该公司使用经济增加值（EVA）经验做出分析的论文（林左鸣、顾惠忠等，2009；刘桂香、魏丽丽，2008；宋陵、李海燕，2011；辛金国、洪波，2011；周亚东、孙秀玲，2008）。

（3）EVA 的价值相关性。

自经济增加值（EVA）提出以来，很多学者开始关注经济增加值（EVA）与传统会计指标谁优谁劣的问题，这类研究主要分为两方面。

一方面，研究关注 EVA 与股票价格或股票超额收益的相关性。由于会计指标易受会计准则的影响，所以，EVA 指标被认为是价值相关性最强的指标［斯图尔特（Stewart，1991）］。这些结论得到了陈和多德（Chen and Dodd，1997）、莱恩等（Lehn et al.，1997）、本（Ben et al.，1998）、斯塔尔特和托马斯（Stark and Thomas，1998）的实证支持。但彼尔德等（Biddle et al.，1997）通过比较传统会计指标和经济增加值（EVA）与超额收益间的相关关系发现，经济增加值（EVA）并没有比传统的会计盈余指标更好。彼尔德等（Biddle et al.，1999）也得出了类似的结论。卡昂等（Cahan et al.，2002）对彼尔德等（Biddle et al.，1997）的研究提出批评，指出文章中在 EVA 计算时并未进行公司特别调整，而基于所有公司的一般调整项目计算经济增加值（EVA）指标，故研究结论值得怀疑。有趣的是，费尔森等（Feltham et al.，2004）利用近期更广泛的市场数据（加入加拿大股市数据）证明，EVA 对股价的解释能力确实比会计收益指标更强，有力的反驳了彼尔德等（Biddle et al.，1997、1999）的结论。国内关于 EVA 的支持性证据来自孙铮、李增泉（2001）的研究，他们认为经济收益指标如剩余收益、EVA 和调整的经济增加值（EVA）指标的价值相关性优于经营活动现金流量、会计收益等指标。但是，王化成、程小可等（2004）研究认为，从增量信息含量这一角度看，经济增加值（EVA）与传统会计盈余和现金流量指标相比虽然显示出了一定的增量价值相关性，但是，显示出的增量效应并不具有非常的显著性。

另一方面，研究关注 EVA 对公司股票收益的解释能力。本（Ben et al.，1998）认为，EVA 对公司股票收益的解释能力高于会计盈余。艾哈迈德等（Ahmed et al.，1993）认为，经济增加值（EVA）比其他的会计收益、现金流量等传统指标含有增量信息含量，而且经济增加值（EVA）在预测未来收益时相比会计盈余指标含有更多的信息含量。巴拉钱德兰等（Balachandran et al.，2012）将 EVA 等剩余收益指标分解为剩余收益、投入资本和其他组成的部分，各自探讨了这些组成部分与股票收益的相关关系。研究发现，股票收益与 RI 部分正相关，与投入资本呈负相关关系。这些研究结论对于投资者构建投资策略具有指导意义。王喜刚、丛海涛等（2003）考察了沪市 402 家上市公司，研究发现，经济增加值（EVA）指标在总体上的解释能力优于会计收益指标，然而，会计指标仍拥有很高的信息价值，经济增加值（EVA）不能完全顶替会计指标。

（4）EVA 与其他 MCS 的融合。

学者们将管理控制系统（management control systems，MCS）定位于包含计划、监控、业绩度量与考核、一体化机制等一系列控制方法，这些控制方法是以会计为基础的。管理控制系统也被描述为影响行为的过程，是管理者为了维持或变更组织活动形式而采取的一系列正式的、以信息为基础的规则和程序。本书所讲的管理控制系统是指包括 EVA、平衡计分卡等业绩考核、预算管理、作业成本法、全面质量管理等在内的企业内部管理与控制系统。索特（Soter，2000）认为，全面质量管理（total quality management，TQM）与经济增加值（EVA）并不存在相互的矛盾，尽管 TQM 关注各个利益相关者之间的利益冲突，目的在于解决利益相关者利益最大化的争执，而经济增加值（EVA）关注股东与经理人之间的代理问题，但 TQM 与 EVA 并不矛盾，因为只有各个利益相关者实现了各自利益的最大化，股东才能实现自身利益额最大化，因此，TQM 与 EVA 是可以结合的。索特（Soter，2000）详细描述了两者结合使用的方案。殷俊明、王平心（2004）认为，尽管作业成本法（activity based cost，ABC）和传统成本方法相比具有优势，但 ABC 没有考虑到资源占用的成本，因此，殷俊明、王平心（2004）将作业成本法与经济增加值（EVA）的基本原理结合起来，构建产品盈利能力分析模型。

（5）基于 EVA 的公司财务问题。

这类研究主要是把经济增加值（EVA）当作企业财务业绩的代理变量来研究企业层面的财务问题。法特米等（Fatemi et al. , 2003）研究了国际化公司里高管薪酬与公司业绩的关系，即业绩－薪酬敏感度，其中的公司业绩用 EVA 度量。国内也有类似的研究（蒲自立、刘芍佳，2004b；朱建武，2005；杜胜利、张杰，2004；王毅、赵平，2012；蒲自立、刘芍佳，2004a；李常青、赖建清，2004；杜胜利、张杰，2005）。此外，李洪、张德明等（2006）证实，经济增加值（EVA）在度量企业业绩方面与传统业绩考核指标具有一致性，因此，认为经济增加值（EVA）是科学有效的业绩考核指标。李春瑜（2006）在对于 EVA、△EVA 以及 REVA 的分析思路进行回顾的基础上，使用沪深两市上市公司的数据，对三个指标价值增值衡量适用性作了实证分析，得出了一些有益结论。

（6）EVA 的研究评述。

依特纳等（Ittne et al. , 2001）在价值管理（VMB）框架的基础上评述了 2000 年前管理会计领域的实证研究文献。孙铮、吴茜（2002）分析了早期我国经济增加值（EVA）的研究现状情况。王化成、刘俊勇（2004）以我国企业业绩考核模式的比较分析为切入点，讨论了经济增加值（EVA）的价值考核模式。孙茂竹、王旭芳（2012）回顾了 1994～2012 年发表在 11 本主要国外期刊和 19 本主要国内期刊的 EVA 相关文献，从中外比较视角，基于研究内容、方法和理论背景灯三个方面对 1994～2012 年发表关于 EVA 的文献进行述评。

此外，张纯（2003）探讨了我国现阶段推行经济增加值（EVA）应该做哪些工作，中央企业应该怎样施行 EVA（王化成、陈咏英等，2008；池国华、张彪，2010；姜鑫、金鸿雁，2010；高晨、汤谷良，2011），在商业银行推行 EVA 应把握的问题（张亚博，2004），相似的讨论性文献还有郭建（2003）等。也有一些文献对经济增加值（EVA）的完善提出了自己的观点。比如，构建公司 IT 投资考核体系（马永红、魏桢等，2004）、宝钢钢管公司价值贡献模型（范松林、李文娟，2004）、并购定价（黄晓楠、瞿宝忠等，2007）、经济增加值（EVA）与 BSC 结合（印猛、李燕萍，2006；刘运国、陈国菲，2007）、股票期权激励模式（聂丽洁、王俊梅等，2004；蒲勇健、宋建，2004）、持续竞争力观的经济增加值（EVA）改进（汪浩，2004）、以经济增加值（EVA）考核人力资本价值（张志宏，2004）、建立以经济增加值（EVA）为财务维度的内部评审系统（方秀丽，2011）、建立基于经济增加值（EVA）的经营者动态激励系统（蒲勇健，2004；孙世敏、王昂等，2011），等等。

2.1.2.2 经济增加值业绩考核与管理者决策

经济增加值（EVA）作为一种业绩考核指标，对管理者决策的诸多方面产生影响。华莱士（Wallace，1997）是相关研究最经典的文献贡献之一，比较全面地反映了经济增加值（EVA）实施对企业管理决策的作用。文章分别选取40家采用RI（EVA）业绩考核的公司和未采用RI（EVA）业绩考核的公司作为研究对象，通过对比，观察实施RI（EVA）业绩考核后对公司投资、融资和经营决策的影响。实证结果证明了作者提出的五个假设全部正确，即：实施了EVA业绩考核的公司新项目投资下降，资产处理却增加了；企业更加倾向于向股东分配剩余的现金，企业的股票回购得以增加，股利得以增加，企业的股票表现明显好于竞争对手；公司的管理者为提高EVA，公司的资产周转率上升；EVA本身作为业绩考核指标，实施以EVA为主的业绩考核体系后，EVA本身得到提高；实施EVA薪酬激励机制后，能有效缓解代理冲突，最终为股东创造更多价值。华莱士（Wallace，1998a）认为，剩余收益指标如EVA的使用改善了组织的管理行为，同时发现，市场投资者对诸如剩余收益考核体系的采用反映良好。华莱士（Wallace，1998b）调查结果表明，当公司在薪酬体系中采用EVA时，在资本预算、股利决策等领域也会更大程度地采用EVA，调查表明这些公司的管理行为确实发生了改善。此后的诸多学者就EVA对资本结构（沈维涛、叶晓铭，2004；毛道维、刘俊，2005；王燕妮、袁江丽，2009）、资产定价［布洛克（Block，1999）；黄晓楠、瞿宝忠、丁平，2007；周孝华、卢露、唐健，2010；王菲、宋清，2010］、财务预测（翁洪波、吴世农，2006）、公司治理［安德森和里布（Anderson and Reeb，2003）］的影响进行了研究。还有一些文献探讨了EVA对投资决策影响［罗杰森（Rogerson，1997）；金姆等（Kim et al.，1997）；科斯蒂根（Costigan，2002）；大卫和斯蒂芬（David and Stephen，2009）；孙铮、吴茜，2003；黄卫伟、李春瑜，2004；姜再勇、严宝玉等，2007；刘运国、陈国菲，2007；翟振才，2009；张先治、李琦，2012；郑艳洁，2013；池国华、邹威，2014］。由于EVA对投资决策的影响与本书最为相关，因此，本书着重回顾这方面的文献。

就EVA对投资决策的影响，学者们展开了激烈的讨论，但尚未形成一致意见。有学者认为，经济增加值（EVA）倡导的价值创造和股权资本成本可以鼓励管理层投资能够提升企业价值的项目，从而起到抑制非效率投资的作用。罗杰森（Rogerson，1997）从理论上证实，只要管理层的报酬随着公司业绩的增加而提高，经济增加值（EVA）等剩余收益型业绩考核指标用于考核公司业绩时，就可以令公司的管理层做出唯一有效的投资决策，从而起到增加公司和投资者收益的作用。金姆等（Kim et al.，1997）通过走访Eastman Chemical公司的CFO、可口可乐日本分公司的财务总监以及NCR日本分公司的CFO，发现经济增加值（EVA）业绩衡量与激励机制可以帮助日本公司的管理层认识到股权资本也是有成本的，但却不会引起管理层缩减有前途的投资。罗伯特（Robert，1999）用1987~1996年应用经济增加值（EVA）的公司数据证明，应用经济增加值（EVA）的公司能够比同行业其他公司为股东创造更多价值。研究发现，经济增加值（EVA）带来的经营改善能够解释股东价值的增加。但是，与华莱士（Wallace，1997）的研究结论不同，罗伯特（Robert，1999）发现，应用经济增加值（EVA）的公司的资本支出增加了。科斯蒂根（Costigan，2002）通过对比115个使用了经济增加值（EVA）的公司和1271个未使用经济增加值（EVA）的公司发现，应用经济增加值（EVA）的公司，相对来说，有高比例的机构所有权、低比例的内部所有权以及较高的研发支出。乔尔（Joel，2004）将经济增加值（EVA）、公司治理与股东价值相联系，研究发现，如经济增加值（EVA）这样的经济利润指标运用于薪酬激励机制中可以抑制不增加股东价值的企业规模扩张以及融资，并且基于经济增加值（EVA）的薪酬激励机制在私有企业有和国有企业中都有助于提升企业价值、提高效率。自国资委2010年第22号令实行后，国内学者开始就中央企业经济增加值（EVA）考核与非效率投资的关系进行讨论。张先治、李琦（2012）实证检验了经济增加值（EVA）对企业过度投资行为的影响，研究发现：经济增加值（EVA）业绩考核体系的实施具有显著的治理效应，能够抑制中央企业上市公司的过度投资行为。郑艳洁（2013）也得出了相似的结论。池国华、邹威（2014）通过引入薪酬经济增加值（EVA）敏感性度量经济增加值（EVA）考核与管理层薪酬相挂钩的激励效用，以2010~2012年沪深两市A股国有上市公司为样本，分别考察了基于经济增加值（EVA）的管理层薪酬机制对代理成本和非效率投资的影响后果。研究指出，基于经济增加值（EVA）的管理层薪酬机制，通过降低了代理成本，从而有效地治理了非效率投资，并且这种抑制效果随着经济增加值（EVA）考核有效性的加强而加强。

还有学者发现，经济增加值（EVA）所倡导的股权资本成本似乎能导致管理层的短期化举动，例如，缩减资本投入，引起投资不足。大卫和斯蒂芬（David and Stephen，2002）研究发现，经济增加值（EVA）可能会令管理层压缩投资，导致投资不足。与此同时，如果企业运营较好，经济增加值（EVA）对那些创造价值的投资决策并不会削弱激励作用。黄卫伟、李春瑜（2004）研究发现，公司将经济增加值（EVA）引入激励合约，能够对股东和管理层之间的博弈造成影响。同时，经济增加值（EVA）可以起到保障公司利益相关者的利益的作用，也能够避免公司经营者和员工的短期行为，并且统一公司经营者和所有者的利益。研究发现，经济增加值（EVA）业绩考核和激励机制有利于健全公司的薪酬激励及约束相容机制，引导管理层科学地进行投资决策和融资决策，起到完善上市公司财务治理的作用（翟振才，2009）。然而，孙铮、吴茜（2003）指出，由于资本成本的大小直接影响着经济增加值（EVA）的高低，而经济增加值（EVA）又关系着管理层收到的薪酬的多少。因而，公司的管理层很可能为了增加经济增加值（EVA）而削减公司的资本投资，以此降低资本成本。刘运国、陈国菲（2007）研究发现，经济增加值（EVA）指标会令经营者率先考虑可以增加经济增加值（EVA）的、风险低的短期投资项目，而摒弃那些虽然有利于公司长远发展，但风险较高的新产品研发等长期投资活动。

2.1.2.3 国有企业业绩考核与非效率投资

结合本书的研究内容，本书将从非效率投资的形成动因、非效率投资的度量方法和非效率投资的影响因素三个角度入手，对国内外关于非效率投资的研究进行述评。

（1）非效率投资的形成动因。

在诸多诱因中，代理问题以及信息不对称问题是导致公司非效率投资的最主要动因（Stein，2001）。其中，代理问题既可能导致投资过度，也可能导致投资不足；信息不对称问题常常导致融资约束进而导致投资不足。然而，在我国特定的制度背景下，国有企业资金的取得相对比较容易，信息不对称产生的融资约束对公司投资行为的解释力度比较薄弱，因此，干扰国有企业投资行为的主要动因在于代理问题。因此，本书将从代理问题这一动因出发，对相关文献进行梳理。

依照投资理论分析，公司投资过度的动因主要源于代理问题。委托代理理论认为委托人和代理人两者的效用函数不一，因此，双方存在利益冲突。企业的委托代理问题主要分为两个层面：第一层面，所有者和经营者之间的代理问题；第二层面，大股东与中小股东之间的代理问题。这个两层面的代理问题都会影响到企业的投资决策。本书研究问题主要源于所有者和管理层之间的代理问题。

基于第一层面的代理问题，关于股权分散的公司，作为代理人的经理人不一定能够以作为委托人的股东之利益最大化来决策。经理人可能会选择建造企业帝国、追求在职消费，或建立壕沟防御等对自己有利，但对股东不利的投资决策（Jensen and Meckling，1976），用以实现他们自身效用的最大化。詹森（Jensen，1986）的自由现金流量假说强调，因为公司经理人的效用是公司规模的增函数，经理人可能会在利益最大化动机的驱使下，尽其可能的把企业的自由现金流量用于扩张公司规模，因此产生过度投资。希顿（Heaton，2002）认为，由于管理层对项目的未来收益存在过度自信的心理，管理层可能会投资过度。塔特等（Tate et al.，2005）认为，过度自信的管理层所在的公司总会过度投资，倘若公司内部现金流量和抵押债务不足以满足投资所需的资金，公司投资总额对内部现金流量会呈递增的趋势，并且这一现象在股权融资依赖性强的公司更加严重。

代理问题除了能够导致过度投资，同样可以产生投资不足。波兰特等（Bertrand et al.，2003）研究认为，公司投资对管理层而言也是有成本的。比如，当公司建设新的投资项目，或实施对现有资产的更新改造时，管理层常常需要担负更多的监管责任，并且需要学习新的知识，用以实现对项目的管理，这样一来，管理层势必将付出更多的工作时间和精力，以便应对新增的投资项目。因而，倘若新增的投资项目对于管理层来说，项目的私人成本大于私人收益，管理层可能放弃一些 NPV 大于 0 的投资项目，进而导致投资不足的发生。这是从管理层卸责角度剖析代理成本对公司投资行为的影响。

（2）非效率投资的度量方法。

目前，已有文献对于非效率投资的度量，主要包括投资—现金流敏感性法和增长函数法。

伯德等（Hubbard et al.，1988）［以下简称“FHP（1988）”］开创了投资

计量模型的先河。该文依据股利支付比率的高低把样本公司划分为高股利公司、中股利公司和低股利公司三个组别。FHP（1988）把高股利组的公司视同无融资约束的公司，低股利组的公司视同融资约束严重的公司，具体的计量方法如模型（2－1）所示。

$$(I/K)it = f(X/K)it + g(CF/K)it + \Phi it \qquad \text{模型（2－1）}$$

在模型（2－1）中，I/K 表示公司投资，f（X/K）表示公司的投资机会，g（CF/K）表示公司的内部现金流。在模型（2－1）中，倘若资本市场是完美的，那么现金流的系数等于零；倘若现金流的系数为正，则代表资本市场不完美。FHP（1988）的实证结果表明，在控制了投资机会的影响后，低股利组的投资－现金流敏感系数最大，高股利组的投资－现金流敏感系数最小。

FHP（1988）在信息不对称的前提下设计了检验投资－现金流敏感性的模型，研究结论认为，融资约束越严重的公司，投资－现金流敏感系数越大。尽管 FHP（1988）的方法得到了广泛的应用和证明，然而，以投资－现金流敏感程度计量企业投资这一方法仍然存在很多备受争议的问题。

首先，投资－现金流敏感性与融资约束是否存在单调关系仍值得商榷。FHP（1988）采用事前按照融资约束分组的投资－现金流敏感性检验缺乏严谨性，尤其是假设投资－现金流敏感性随着融资约束单调递增并没有得到广泛接受的理论支持。卡普兰和津家莱斯（Kaplan and Zingales，1997）得到的结论与 FHP（1988）完全相反。卡普兰和津家莱斯（Kaplan and Zingales，1997）的实证研究采用公司年度报告中和融资约束程度相关的信息对企业进行分类，研究结论认为，对于特定的生产和成本函数，在理论上，投资－现金流敏感性与融资约束呈负相关关系，换言之，融资约束更严重的企业可能呈现更低的投资－现金流敏感性。

其次，采用 Tobin'Q 度量投资机会的方法存在一定的偏误。FHP（1988）采用平均 Q 度量企业的投资机会。从理论上看，与平均 Q（已有资本的市场价值与其重置成本的比值）相比，边际 Q（增加一单位的资本预期能够创造的现金流的现值与重置成本的比值）更能够真正地反映投资机会。然而，边际 Q 存在不可观测的局限，因此，已有文献普遍采用平均 Q 替代边际 Q。平均 Q 替代边际 Q 的限定条件为产品市场和要素市场都是完全竞争市场；各类资本具有同质性；资本调整函数和生产函数都是齐次线性函数；企业的生产经营目标为价值最大化。实际的经济活动显然难以满足上述限定条件，因此，研究投资－现金流敏感性的相关问题时可能存在对于 Q 的衡量偏误。相对于国外成熟的资本市场，我国用平均 Q 替代边际 Q 的条件更加难以满足。

最后，FHP（1988）的样本分组标准存在一定的主观性。FHP（1988）根据企业反映融资约束程度的特征或者定性信息将全部样本分组，进而分组估计投资 - 现金流敏感性。伯德（Hubbard，1998）认为，根据主观标准划分融资约束公司和非融资约束公司无法得到理想的实证结论。这源于企业的信息不对称程度和代理问题是不断发展变化的，已有文献常用的公司规模等分组标准并没有顾及信息不对称以及代理问题随时间的变化性，因此，投资 - 现金流敏感性并非度量投资不足的最佳变量。

詹森（Jensen，1986）认为，除了信息不对称，代理问题也会产生投资与现金流的敏感性问题。沃格特（Vogt，1994）用模型（2 - 2）实证检验了代理问题和信息不对称产生的投资现金流敏感性与投资机会的关系。

$$(I/K)_{it} = \alpha_0 + \alpha_1 Q_{it} + \alpha_2 (CF/K)_{it} + \alpha_3 Q_{it} \times (CF/K)_{it} + \alpha_4 (DC/K)_{it} + \alpha_5 (S/K)_{it} + \varphi \quad \text{模型（2 - 2）}$$

在模型（2 - 2）中，I 表示投资，K 表示股本，Q 表示 Tobin'Q 值，CF 表示现金流，DC 表示现金变换量，S 表示销售收入，当投资 - 现金流敏感系数是由代理问题导致的过度投资时，交互项的系数 α_3 为负；当信息不对称引起的融资约束导致投资不足时，交互项的系数 α_3 为正。尽管沃格特（Vogt，1994）的方法得到了普遍认可，但是，我国学者对于投资现金流敏感性的动因检验结果仍有较大的分歧，这可能主要源于研究中使用具有衡量偏误的 Tobin'Q 度量投资机会。尽管沃格特（Vogt，1994）与 FHP（1988）相比有了很大的改进，并且受到多数学者的认可，但是，沃格特（Vogt，1994）与 FHP（1988）的模型具有一个共同的缺陷——无法度量最优投资水平，这导致了难以计量企业的非效率投资水平。

为了估算企业的最优投资水平，学者们采用增长函数的方法，把企业投资视同企业成长机会的增函数。目前研究中，普遍使用的增长函数模型是理查森（Richardson，2006）提出的预期投资模型，理查森把企业投资划分为维持资产在原有状态的维持性投资以及企业对新方案的新增投资两个部分。新增投资主要包含预期的资本投资支出（主要与企业的成长机会、融资约束、行业特征等因素相关以及非正常投资支出）。当非正常投资支出大于零时表示投资过度；小于零时表示投资不足。与 FHP（1988）和沃格特（Vogt，1994）的模型相比，理查森（Richardson，2006）解决了之前研究中无法解决的关键，它的优势在于能够直接量化每一家样本公司在某一特定年度的过度投资或者投资不足水平。

（3）非效率投资的影响因素。

已有研究主要讨论了股利分配、债务融资、董事会结构、大股东持股、管理层激励和外部治理环境等因素对非效率投资的影响。

股利分配方面。根据自由现金流理论，派发现金股利是减少自由现金流量的一种方式。由于内部现金流的减少，企业会寻求外部融资，企业在对外融资过程中将受到市场监督，从而降低了管理者机会主义投资行为，派发现金股利减少了自由现金流量，从而减少了经理进行过度投资的机会［詹森（Jensen，1986）；沃格特（Vogt，1994）］。詹森（Jensen，1986）从股东和经理人代理冲突的角度指出，较高的股利支付率能够减少企业管理者控制的自由现金流量，一定程度上限制了企业管理者将资金投向净现值小于零的投资项目的机会，从而起到了降低企业代理成本和过度投资风险的作用。1999 年，中国证监会将派发现金股利作为上市公司再融资的必要条件，2001 年，中国证监会又在《上市公司新股发行管理办法》中对派发现金股利进行了明确规定。究其原因，除了保障投资者获得收益外，发挥现金股利的治理作用也是不可忽视的一个重要考虑。现金股利的支付减少了企业内部可自由支配的现金流，从而能够起到防止国有上市公司内部人利用内部可自由支配的现金从事过度投资的作用（魏明海、柳建华，2007）。唐雪松、周晓苏和马如静（2007）利用我国上市公司数据对股利政策和投资决策的关系进行了实证研究，结果发现，发放股利是过度投资行为的有效约束机制。闫华红（2009）支持了唐雪松、周晓苏和马如静（2007）的研究结论，并利用 2003～2007 年连续 5 年的沪深两市 A 股上市公司作为样本，进一步研究发现，现金股利的发放可以缓解国有企业的投资过度现象。王茂林、何玉润等（2014）选用 2006～2011 年我国 A 股上市公司数据实证检验了现金股利与企业投资效率的关系，研究发现，在内部自由现金流量富余且投资过度的样本中，发放现金股利能够有效减少自由现金流量，抑制过度投资；在自由现金流量紧缺且投资不足的样本中，企业支付现金股利会加剧现金流紧缺，造成更严重的投资不足。

债务融资方面。市场经济条件下，债务不仅作为融资工具，而且应被视为治理工具。一般而言，举借债务对企业投资行为的影响有两方面：债务对企业具有还本付息的硬约束，可以缓解股东经理利益冲突；无债务或低债务企业的经理可以在不损害自身利益的情况下轻易减少股东价值，但是，高债务企业的经理却很难达到这一目标。詹森（Jensen，1986）认为，举借债务可以减少经理利用自由现金流量建造企业帝国的行为。因此，从这一意义讲，举借债务可以降低过度投资行为。丹尼斯等（Denis et al.，2007）研究发现，融资约束的确可以降低代理成本，改善现金的边际价值，资本市场的融资约束会抑制管理层过度投资行为。结合我国上市公司实际情况，在传统的国有银行体制下，举借债务并不能发挥有效的治理作用。随着国有银行体制改革的深化以及债券市场的发展，债务应有的治理作用已有所体现。童盼、陆正飞（2005）检验了企业债务融资以及债务融资来源对投资行为的影响，分析得出了我国上市公司中股东和债权人之间的代理冲突以及作为治理机制的债务融资所带来的经济后果。唐雪松、周晓苏和马如静（2007）利用我国上市公司2000～2002年的数据，实证研究发现，债务融资是企业过度投资行为的有效制约机制。黄乾富、沈红波（2009）利用1997～2004年206家中国制造业上市公司为研究样本，实证研究发现，企业的债务融资比例与过度投资支出之间呈现显著的负相关关系，即债务融资比例越高，过度投资支出越少，表明债务对过度投资行为有较强的制约作用。王彦超（2009）通过构建融资约束的分析框架，实证研究发现，当存在超额持有现金情况时，融资未受到约束的企业容易发生过度投资，而融资受到约束的企业，这种过度投资倾向不明显。另外，举借债务造成股东（经理）与债权人利益冲突，股东（经理）为了自身价值最大化，其在投资时将选择增加自身价值却减少债权人价值的投资项目，或放弃增加企业价值但会减少自身价值的投资项目，由此导致非效率投资行为（Jensen and Meckling，1976）。从这个意义讲，举借债务也可能引发企业过度投资行为。徐向艺、李蹇（2008）实证研究发现，长期负债水平越高，上市公司过度投资程度越大。王建新（2008）以1997～2005年我国制造业上市公司的数据，实证研究发现，财务杠杆和债务结构对我国制造业上市公司没有发挥债务约束的效应。刚成军等（2009）以沪深两市的电力上市公司为研究样本，同样得出了债务约束效应在发电行业并没有发挥应有作用的结论。汪平、孙士霞（2009）以2005～2007年我国上市公司的数据研究发现，举债在我国并不能对过度投资发挥有效的抑制作用。

董事会结构方面。唐雪松、周晓苏和马如静（2007）利用制造行业上市公司2000～2002年的数据进行实证分析，证实我国上市公司存在过度投资行为，公司治理机制基本能够有效制约公司过度投资行为。李维安、姜涛（2007）利用公司治理考核指数研究表明，企业的过度投资行为能够通过董事会治理、股东行为治理和利益相关者治理得到积极有效的抑制。覃家琦（2010）以2006～2008年中国制造业上市公司为样本，实证研究发现，设立战略委员会的样本公司其过度投资水平更高。其中，与企业过度投资水平显著正相关的因素包括战略委员会的规模、平均任期、董事长是否担任战略委员会负责人，而与企业过度投资水平显著负相关的因素包括独立董事比例、战略委员会的平均学历、平均年龄。然而，刘星、曾宏（2002）研究发现，我国上市公司不完善的公司治理机制导致了非效率投资行为的出现。此外，刘昌国（2006）实证研究发现，我国上市公司治理机制中的独立董事制度对自由现金流量的过度投资行为的抑制功作用较弱。

大股东持股方面。现有文献关于大股东持股对非效率投资的影响主要从大股东持股比例、大股东性质等两方面进行研究。詹森和麦克林（Jensen and Meckling，1976）指出，当大股东的持股比例较低时，持股比例增加将产生其与公司的“协同效应”，因此，大股东有动力对管理者的经营活动进行积极的监督，从而能够有效制约管理者过度投资行为。科夫等（Djankov et al.，2002）研究发现，企业价值与第一大股东的现金流所有权之间存在正相关的关系，持股比例具有正向的激励作用；但当第一大股东的控制权大于现金流所有权时，会导致企业价值下降。张翼、李辰（2005）认为，我国企业的过度投资现象是由于我国上市公司股权高度集中，尤其是第一大股东持股比例较高而导致的。欧阳凌等（2005）研究了不同股权市场结构下股权集中程度、监督成本与两种非效率投资行为之间的关系，认为在完全垄断股权结构和完全竞争股权结构中，只有当第一大股东持股比例达到一定水平后，监督才有效率，而且监督成本与股权集中度负相关；在分散性股权结构和垄断性股权结构中，第一大股东持股比例达到一定的股权集中度后，能够最为有效的降低非效率投资行为的整体代理成本。罗进辉、万迪和蔡地（2008）以我国A股上市公司2005～2006年的横截面数据为样本，分析了大股东持股比例对经理人过度投资行为的治理效应。研究结果表明，大股东持股比例与企业的过度投资水平之间呈倒“N”型的曲线关系，即大股东持股对企业过度投资行为的作用过程中激励效应和防御效应同时存在。孟一琳（2009）以第一大股东的持股比例作为衡量大股东与中小股东之间利益一致性的代理变量，研究大股东控制对过度投资行为的影响。作者考虑到 2005 年开始的股权分置改革对大股东持股比例产生的巨大影响，将整个样本期间分为 2001 ~2005 年、2006 ~2007 年两个阶段，对股权分置改革前后大股东控制对公司过度投资行为的影响进行了对比分析。研究发现，大股东控制先引发“协同效应”，然后出现“壕沟效应”，从而上市公司的过度投资行为呈现先减少后增加的现象。股权分置改革以后，大股东利用过度投资谋取私利的持股比例边际值有所下降。汪平、孙士霞（2009）以 2005 ~2007 年上市公司数据分析发现，我国企业普遍存在过度投资行为，而且国有企业相比非国有企业过度投资更严重，自由现金流量与过度投资行为显著正相关，在某种程度上，第一大股东持股比例与股权集中度能够抑制过度投资。在我国特殊的经济环境下，学者们还对大股东性质对投资效率的影响进行了分析。程仲鸣、王海兵（2009）以我国 2002 ~2006 年上市公司为样本，实证检验了公司控股股东类型与企业过度投资水平的关系，研究结果发现，公司产生的自由现金流入量更容易导致过度投资，并且地方政府控制的公司比中央政府控制的公司及非政府控制的公司产生自由现金流入量更容易导致过度投资的出现。徐晓东、张天西（2009）实证研究发现，在企业投资过度的情况下，过度投资水平随着自由现金流量的增长而增长，并且第一大股东是国家股的上市公司更倾向于进行过度投资。

管理层激励方面。合理的薪酬激励可以缓解过度投资及投资不足问题（Aggarwal and Samwick，2006）。辛清泉、林斌和王彦超（2007）以我国 A 股上市公司 2002 ~2004 年的数据为样本，研究发现，上市公司整体而言，经理薪酬过低导致了过度投资现象，而仅有微弱的证据支持经理薪酬过低导致投资不足的假说。进一步研究发现，中央国企和私有产权控制的上市公司未发现因为经理薪酬契约失效而导致的代理问题。因经理薪酬过低而引发的投资过度现象只存在于国有资产管理机构和地方国企控制的上市公司。高管持股有助于缓解公司非效率投资（魏明海等，2007；蔡吉甫，2009）。蔡吉甫（2009）研究发现，当我国上市公司存在自由现金流量时，经理人有动机从事过度投资行为。管理层持股能够约束上市公司的这种过度投资行为，而且与过度投资 - 自由现金流量敏感性呈正“U”型的曲线关系。

外部治理环境方面。现有文献主要从市场竞争、投资者保护、金融市场发展、政府干预、信息披露等方面探讨外部治理环境对非效率投资的影响。詹森和路易斯（James and Lewis，1986）创造性地提出，企业在产品市场上的表现和业绩会影响企业的财务行为。从此，大量文献开始将产品市场竞争状况与企业财务行为联系起来研究，其中也包括企业投资行为。霍姆斯特姆（Holmstrom，1982）指出，产品市场竞争也是一种激励措施，比监督、控制权市场竞争更为有效，能够促进公司效率提高。葛鲁理翁和迈克利（Grullon and Michaely，2008）指出，当企业存在自由现金流量时，处于高度竞争的行业的企业经理人更倾向于通过股利的派发来取悦股东和投资者，而不是将自由现金流量浪费在差的投资项目上。张洪辉、王宗军（2010）利用中国沪深两市 A 股制造业上市公司 2001～2004 年的数据实证研究发现，产品市场竞争对公司的过度投资行为有显著的制约作用，较高的市场竞争程度能够约束公司的过度投资水平。研究还发现，当公司存在较为严重的代理问题时，产品市场竞争程度与过度投资显著相关，公司经理人会将自由现金流量用于过度投资。另外，跟其他公司相比，处于行业主要厂商地位的公司，其过度投资水平更严重。张栋、杨淑娥等（2008）以我国上市公司 1999～2005 年的数据为研究样本，考察了我国上市公司外部治理环境与企业过度投资之间的关系。他们以上市公司所在地区的市场化水平和产品市场竞争程度衡量外部治理因素，研究发现，地区市场化水平越高，政府对公司的干预程度越小，金融业的市场化水平越高，执法水平越高，越有助于减少企业过度投资水平；同时发现，产品市场竞争程度越高，公司过度投资水平越小。杨华军、胡奕明（2007）以我国沪深两市的非金融类 A 股上市公司 2000～2004 年的数据为样本，实证检验了地方政府干预、地方政府控制和金融发展与自由现金流量的过度投资的关系。他们避免了以往的投资—现金流敏感性研究中无法区分竞争解释的问题，发现地方政府控制和地方政府干预越强，企业的自由现金流量的过度投资越显著，而金融发展可以抑制自由现金流量的过度投资，即存在“熊彼特效应”。吴昊、曹樹（2009）以 2002～2007 年沪深两市的公交、运输、电力等自然垄断行业的上市公司为研究样本，实证检验了我国政府管制对垄断行业企业投资行为的影响。结果表明，垄断行业上市公司普遍具有过度投资行为，而且更多的是对内部廉价自由现金流量的使用。吴锐、余波（2009）以我国沪深两市 A 股上市公司 2003～2006 年的数据为研究对象，通过实证分析发现，与民营企业相比，地方国有企业的过度投资程度更严重，地方政府的影响、控制和干预显著加剧了地方国有企业的过度投资。黎精明、郜进兴（2010）根据制度经济学和微观经济学的基本原理，从投入要素价格的角度研究了财政分权化改革背景下的国有企业过度投资行为。张纯、吕伟（2009）实证研究发现，信息中介的发展和信息披露水平的提高，能够减轻信息不对称程度，进而提高企业的投资效率，制约过度投资行为。而且，信息披露机制和信息中介之间存在互补关系，一方面，信息中介作用的发挥依赖于信息披露机制，另一方面，更多的信息中介参与创造了较好的信息传播环境，增强了信息披露机制对企业过度投资的制约效果。

2.2 生态文明建设的研究现状

2.2.1 生态文明建设的相关政策文献

由于“生态文明建设”的提出始于2007年的党的十七大报告，因此，本书只对2007年后出台的政策文献进行回顾。具体内容如表2－1所示。

表2－1 生态文明建设相关的政策文件

时间	发布单位	名称
2007年10月	国家统计局	《全国污染源普查条例》
2008年	国家环保总局	《环境信息公开办法（试行）》
2009年8月	审计署	《关于加强资源环境审计工作的意见》
2011年5月	环境保护部	《关于开展环境污染损害鉴定评估工作的若干意见》
2012年2月	国务院	《关于实行最严格水资源管理制度的意见》
2013年	环境保护部	《国家重点监控企业自行监测及信息公开办法（试行）》
2013年11月	中共十八届三中全会公告	《中共中央关于全面深化改革若干重大问题的决定》
2014年12月	环境保护部	《企业事业单位环境信息公开办法》
2015年1月	国务院办公厅	《编制自然资源资产负债表试点方案》
2015年3月	环境保护部	《关于开展政府环境审计试点工作的通知》
2015年4月	国务院	《关于水污染防治行动计划》
2015年8月	中共中央办公厅、国务院办公厅	《党政领导干部生态环境损害责任追究办法（试行）》
2015年9月	国务院	《生态文明体制改革总体方案》

续表

时间	发布单位	名称
2015 年 11 月	国务院办公厅	《开展领导干部自然资源资产离任审计试点方案》
2016 年 12 月	国务院	《关于全民所有自然资源资产有偿使用度改革的指导意见》
2017 年 12 月	国务院	《中华人民共和国环境保护法实施条例》

资料来源：笔者根据相关资料整理。

2007 年 10 月，国家统计局发布《全国污染源普查条例》。对污染源普查的任务，污染源普查的对象、范围、内容和方法，污染源普查的组织实施，数据处理和质量控制，数据发布、资料管理和开发应用，表彰和处罚六个方面涉及事项做出明确规定。

2008 年，国家环保总局颁布实施的《环境信息公开办法（试行）》设立了“企业环境信息公开”专章，以鼓励企业自愿公开为主，要求强制公开的企业环境信息非常有限，仅对污染物排放超过国家或者地方排放标准，或是污染物排放总量超过地方人民政府核定排放总量控制指标的污染严重的企业要求必须公开其环境行为信息，公开内容包括企业名称，地址，法定代表人，主要污染物名称，排放方式，排放浓度和总量，超标和超总量情况，企业环保设施建设和运行情况以及环境污染事故应急预案等。

2009 年 8 月，审计署出台《关于加强资源环境审计工作的意见》。明确今后环境审计工作的具体措施，充分认识资源环境审计的重要性和紧迫性，明确资源环境审计的指导思想、主要任务和发展目标，因地制宜突出资源环境审计的重点，不断创新资源环境审计方式与方法，着力构建资源环境审计整体工作格局，进一步加强资源环境审计队伍建设，建立和完善资源环境审计工作制度，进一步加强资源环境审计理论研究。

2011 年 5 月，环保部发布《关于开展环境污染损害鉴定评估工作的若干意见》。指出，开展环境污染损害鉴定评估工作的重要意义，提出指导思想、工作原则、工作目标、工作任务、保障措施，并部署试点工作。其中，工作总体目标是围绕环境保护中心工作，制定环境污染损害鉴定评估技术规范，组建鉴定评估专业队伍，健全工作机制，为环境行政管理、环境污染案件审理以及相关环境经济政策的制定提供支持，为环境污染损害赔偿机制的建立奠定基础。

2012 年 2 月，国务院印发《关于实行最严格水资源管理制度的意见》。针对我国水资源短缺、水污染严重、水生态环境恶化等问题，提出加强水资源开发利用控制红线管理，严格实行用水总量控制，加强用水效率控制红线管理，全面推进节水型社会建设，加强水功能区限制纳污红线管理，严格控制入河湖排污总量。同时，提出了建立水资源管理责任和考核制度、健全水资源监控体系、完善水资源管理体制等保障措施。

2013 年，环境保护部印发《国家重点监控企业自行监测及信息公开办法（试行）》，对企业自行监测的内容、频次、保障措施、信息公开等方面做出明确规定。

2013 年 11 月，中共十八届三中全会公告《中共中央关于全面深化改革若干重大问题的决定》指出，加快生态文明制度建设包括：健全自然资源资产产权制度和用途管制制度，划定生态保护红线，建立资源环境承载能力监测预警机制，对水土资源、环境容量和海洋资源超载区域实行限制性措施，探索编制自然资源资产负债表，对领导干部实行自然资源资产离任审计，建立生态环境损害责任终身追究制，实行资源有偿使用制度和生态补偿制度，改革生态环境保护管理体制。

2014 年 12 月，环境保护部发布《企业事业单位环境信息公开办法》。区分出重点排污单位、重点排污单位之外的企业事业单位、重点监控企业等概念。对重点排污单位的强制性公开内容、方式、时限做出了规定。对于重点排污单位之外的企业事业单位，属于自愿性公开，不做强制性规定。

2015 年 1 月，国务院办公厅印发《编制自然资源资产负债表试点方案》。根据自然资源保护和管控的现实需要，先行核算具有重要生态功能的自然资源。我国自然资源资产负债表的核算内容主要包括土地资源、林木资源自然资源资产负债表和水资源。自然资源资产负债表反映自然资源在核算期初、期末的存量水平以及核算期间的变化量，核算期为每个公历年度 1 月 1 日至 12 月 31 日。自然资源资产负表的基本平衡关系是：期初存量 + 本期增加量 – 本期少量 = 期末存量。

2015 年 3 月，环境保护部发布《关于开展政府环境审计试点工作的通知》，决定在甘肃省兰州市开展环境审计试点。试点工作的主要内容有三项：一是开展政府环境履责合规性审计；二是开展政府环境履责业绩审计；三是开展政府环境履责财务审计。试点工作分为准备、实施、报告和反馈四个阶段，计划在一年内完成。通过开展不同形式和内容的政府环境审计试点，从环境政策制定、实施、监控和评估生命周期考核兰州市环境保护履行成效，帮助兰州市政府进一步理顺环境保护工作机制，提升环境保护和管理工作效率。

2015 年 4 月，国务院印发《关于水污染防治行动计划》。水污染防治行动计划以改善水环境质量为核心，按照“节水优先、空间均衡、系统治理、两手发力”原则，贯彻“安全、清洁、健康”方针，强化源头控制、水陆统一、河海兼顾，对江河湖海实施分流域、分区域、分阶段科学治理，系统推进水污染防治、水生态保护和水资源管理。坚持政府市场协同，注重改革创新；坚持全面依法推进，实行最严格环保制度；坚持落实各方责任，严格考核问责；坚持全民参与，推动节水洁水人人有责，形成“政府统领、企业施治、市场驱动、公众参与”的水污染防治新机制，实现环境效益、经济效益与社会效益共赢。

2015 年 8 月，中共中央办公厅、国务院办公厅印发《党政领导干部生态环境损害责任追究办法（试行）》，该办法适用于县级以上地方各级党委和政府有关部门领导成员。按照依法依规、客观公正、科学认定、权责一致、终身追究的原则实施。规定了追究责任的情形、追究责任的形式、组织处理的方式、党政纪处分的使用，以及申诉、负责解释的部门等具体事项。

2015 年 9 月，中共中央、国务院印发《生态文明体制改革总体方案》。方案强调，到 2020 年，构建起由自然资源资产产权制度、生态文明业绩考核考核和责任追究制度等八项生态文明制度体系。为完善生态文明业绩评价考核和责任追究制度，提出建立生态文明目标体系、资源环境承载能力监预警机制，探索编制自然资源资产负债表，对领导干部实行自然资源资产离任审计，建立生态环境损害责任终身追究制。

2015 年 11 月，国务院办公厅印发《开展领导干部自然资源资产离任审计试点方案》。审计涉及的重点包括土地资源、水资源、森林资源和矿山生态环境治理，以及大气污染防治等领域。要求对被审计领导干部任职期间履行自然资源资产管理和生态环境保护责任情况进行审计考核，界定领导干部应承担的责任方案明确。领导干部自然资源资产离任审计试点从 2015 年至 2017 年分阶段分步骤实施。2017 年制定出台领导干部自然资源资产离任审计暂行规定，自 2018 年开始建立经常性的审计制度。

2016 年 12 月，国务院印发《关于全民所有自然资源资产有偿使用制度改革的指导意见》，自然资源资产有偿使用制度是生态文明制度体系的一项核心内容。到 2020 年，基本建立产权明晰、权能丰富、规则完善、监管有效、权益落实的全民所有自然资源资产有偿使用制度，完善国有土地资源、水资源、矿产资源、海域海岛有偿使用制度，建立国有森林资源、草原资源有偿使用制度。

2017 年 12 月，国务院出台《中华人民共和国环境保护法实施条例》。《中华人民共和国环境保护法》是为保护和改善环境，防治污染和其他公害，保障公众健康，推进生态文明建设，促进经济社会可持续发展制定的国家法律，由中华人民共和国第十二届全国人民代表大会常务委员会第八次会议于 2014 年 4 月 24 日修订通过。

2.2.2　生态文明建设与企业业绩考核

基于信息需求的不同，狭义环境会计又产生了不同的分支：一方面是满足企业外部利害关系集团需要的环境会计系统［特朗普（Trump et al.，2015），张（Zhang et al.，2014）］，主要涉及对环境负债和环境成本的对外报告，包括财务报告和非财务报告；另一方面是主要用于满足企业管理当局进行环境管理的需要，即环境管理会计。环境管理会计是管理会计的一个新领域，管理者在决策中考虑环境影响，主要应用于成本分析、投资考核和业绩考核。环境成本分析有助于企业对导致环境成本的产品、过程、劳务进行辨别和计量。主要采用作业成本计算、质量成本计算、寿命周期成本计算等现有管理会计的方法，也包括全部成本计算等方法［科米尔等（Cormier et al.，2011）；彼得·阿兹等（Aerts et al.，2009）；维西等（Onishi et al.，2008）；王立彦，2015；徐光华等，2014］。投资考核的方法，既有对传统的净现值法进行改进的全部成本考核法（TCA），也有多标准考核法（MCA）、利益关系人价值分析法（SAV）［亚当等（Adam et al.，2007）］。业绩考核中，则克服传统考核只考虑财务指标的缺点，采用环境系数、综合计分卡等方法。

2.2.2.1　环境业绩的概念

国外方面。企业社会责任（corportate social responsibility，CSR）是企业环境责任的理论渊源，许多学者认为，环境业绩是 CSR 的重要内容之一。CSR 最早由美国学者克拉克（Clark）提出，他认为，企业承担的社会责任按照利益相关方不同，可以分为环境责任、员工责任、伙伴责任等［伯内特等（Burnett et al.，2008）］。

国内方面。我国环境保护部在 2011 年发布的《企业环境报告书编制导则》，中将环境业绩定义为企业进行资源开发与利用，环境保护与污染治理所取得的可计量的有形收益和无形收益（宋建波、李丹妮，2013）。谢东明（2012）认为，企业环境业绩是指企业为实现股东财富最大化的经营目标和保护生态环境的社会目标，通过实施必要的环境治理措施而在不可再生能源和水源的消耗、温室气体的排放、固体和液体废弃物的排放、“三废”的综合处理能力和循环利用能力等方面取得的成绩及效果。

2.2.2.2　环境业绩考核标准与方法

国外方面，加拿大特许会计师协会（CICA，1994）在《环境业绩报告》中，列示出了不同行业的环境业绩指标，在制定这些指标体系时主要考虑企业外部利益相关者的信息需求。国际标准化组织（ISO，1999）制定公布的环境业绩考核标准 ISO14031，为组织内部设计和实施环境业绩审核提供了指南。ISO14031 标准充分考虑到组织的地域、环境和技术条件等的不同，它没有设立具体环境业绩指标，提供的是一个“环境业绩指标库”。根据该标准，环境业绩考核指标可分为组织周边的环境状态指标和组织内部的指标，后者可再细分为管理业绩指标和操作业绩指标。世界可持续发展企业委员会（WBCSD，1992）提出了生态效益的概念，认为生态效率的获得是通过提供竞争性定价的产品和服务，满足人类的需求并提高生活质量，同时，逐步将产品寿命周期中对生态的影响和对资源的利用，减少到至少与地球的预计承载能力一致的水平。亨利等（Henri et al.，2008）认为，环境业绩指标包含了针对环境管理问题的关键量化信息，并从环境管理法规、环境管理目标和公共补贴等三方面探讨了指标的需求和使用。此外，联合国贸易与发展会议（ISAR）等机构也都发布了环境业绩或生态效率考核指标体系。埃尔金顿（Elkington，1998）首次提出了“三重底线”（Triple Bottom Line）的概念，认为企业在追求自身发展的过程中，需要同时满足经济繁荣、环境保护和社会福祉三方面的平衡发展，才能为社会创造持续发展的价值。企业业绩体系应该从单一的经济业绩向经济业绩、生态业绩、社会业绩三重业绩转变，三重业绩完整地体现了企业的经济属性、自然属性和社会属性。

国内方面。国内关于环境业绩研究始于葛家澍与郭道扬。葛家澍等（1992）将环境会计理论首次引入我国。徐光华等（2014）针对当前工业企业减排业绩考核体系普遍忽视减排投资效率的现象，基于投入与产出视角构建企业减排业绩考核指标体系，从指标可用性出发，建立 DEA 模型，计算出工业企业重点治理的 42 个行业废水、废气减排投资效率。陈晓红、周智玉（2014）针对城市环境业绩考核的特点，以方向距离函数和环境 DEA 生产技术为基础，基于规模报酬可变假设，构建了潜在产出测量模型，应用于城市环境业绩水平测量；并引入曼奎斯特伦伯格指数，构建动态环境业绩考核指数，从而实现对城市环境业绩的动态分析和成因分解。何平林等（2012）以我国火力发电企业为例进行案例研究，构建基于数据包络分析方法的环境业绩考核实施流程，通过效率值分析提供部门间环境业绩横向比较信息；通过投影值分析找出环境业绩不佳决策单元的薄弱环节，揭示其环境风险节点；通过敏感度分析并挖掘各种输入、输出变量因素对于决策单元环境业绩的具体影响力，为不同决策单元的环境业绩管理找到工作重点。申志东（2013）通过分析层次分析法在构建国企业绩考核体系中的比较优势，详细阐述了层次分析法应用于构建企业业绩考核体系的过程，并通过实例对层次分析法如何构建国有企业业绩考核体系进行了全面地分析，为推动我国尽快建立国有企业业绩考核体系提供了参考。温素彬、薛恒新（2005）按照科学发展观的要求，构建了企业的三重业绩模式，从经济、生态、社会三个方面设置了企业业绩考核指标体系。根据复合系统理论和协同学原理，提出了企业三重业绩考核模型。

2.2.2.3　环境业绩的影响因素

国外方面。林等（Lin et al.，2013）较为全面地研究了影响我国机构投资者投资行为的因素，研究结果表明：除了规模、增长、盈利等公司层面因素，地理位置与地区政治冲击也是影响我国机构投资者投资行为的重要因素。科克斯（Cox et al.，2011）讨论了机构投资者与企业责任间关系，发现机构投资者持股与公司社会责任之间存在正相关关系，进一步将机构投资者区分为专注的机构投资者与临时的机构投资者，发现专注的机构投资者持股比例与公司社会责任之间正相关。曼纳（Manner et al.，2010）认为，女性担任管理者、管理团队的性别多样化程度越高，公司社会业绩越好。吉恩等（Jin et al.，2010）采用环保机构的绿、蓝、黄、红、黑五色评分法度量环境业绩。

国内方面。学者们对企业环境业绩影响因素的研究主要集中在其与财务业绩的关系（杨娜，2012）。林汉川等（2007）认为，在一定的环境规制下，只有当资源节约，环境保护的业绩有利于企业经济业绩的提升，或至少不造成大的妨害条件下，企业才会参与到资源节约型环境友好型社会的建设中。杨东宁、周长辉（2004）认为，组织能力是企业环境业绩与经济业绩之间内在联系的纽带，一个基于企业组织能力的环境业绩评估体系能够对企业改善环境业绩产生持续的激励作用，并据此提出“基于组织能力的企业环境业绩”理论模型，从环境管理能力建设的角度讨论企业环境业绩评估的基础方法和原则。除财务业绩对环境业绩的影响外，学者们还积极探索其他因素对环境业绩的影响。黎文靖、路晓燕（2015）发现，企业环境业绩对机构投资者投持股比例有正向影响，并且这种影响只体现在长期机构投资者的持股比例上，短期机构投资者的持股比例不受企业环境业绩影响。

2.3 文献评述

基于对国内外相关文献的回顾不难看出，现有关于国有企业业绩考核和生态文明建设的研究取得了较为丰富的成果，但不可否认的是，已有研究依然存在不足。

2.3.1 不足一

首先，现有文献关于国有企业经济增加值考核效果的讨论尚未形成统一结论。

其次，已有文献大都只单纯地探讨国有经济增加值（EVA）与非效率投资的相关关系，缺乏从更细致的角度讨论经济增加值（EVA）对非效率投资的影响。

再次，在我国，尽管已有探讨经济增加值（EVA）考核与非效率投资关系的研究成果，但这些研究大都采用定性研究的方法，考察经济增加值（EVA）考核实施前后非效率投资的改善情况，而没有度量经济增加值（EVA）考核的具体效用。

最后，在现有文献中，描述式、实证、分析式和案例等研究方法是国外研究经济增加值（EVA）的主要方法，实地研究和调查研究在国外研究经济增加值（EVA）中也较常使用。相比之下，我国关于经济增加值（EVA）的文献中，有超过一半都是描述性的、概念分析性的研究，其他研究方法的运用较少。

2.3.2 不足二

首先，已有关于国有企业业绩考核的研究，大多集中于经营业绩，对环境业绩的探讨并不深入，忽略了生态环境业绩与经营业绩的协调统一。国有业绩考核较为重视经营业绩，对环境业绩关注不够，不能适应生态文明建设需要。

其次，企业微观层面生态文明建设研究不足。在已有文献中，对企业微观层面生态文明建设的关注较少，更多的是从国家宏观层面探讨生态文明建设问题。

最后，充分考虑我国制度背景的环境业绩考核研究较少。已有研究大都以西方发达国家的成熟经济为制度背景，对转型经济下的企业环境业绩考核问题研究不足。一些国际机构和国家虽然提出了环境业绩指标，但并不适用于我国企业。

2.3.3　不足三

首先，现有关于非效率投资制约机制的文献，主要考察了现金股利、举借债务、董事会结构、大股东持股、管理层激励等因素对非效率投资的影响，鲜有从业绩考核角度探讨经济增加值（EVA）与非效率投资的关系。

其次，已有关于非效率投资的研究，大多集中于过度投资，对投资不足的探讨并不深入。

第3章
理论基础

3.1 国有企业相关理论

3.1.1 经济学中的企业理论

企业理论是一门解释企业为什么会出现，以及企业内部组织的经济学意义的学问。在新古典经济学里，企业被简化为一个生产函数，一个追求利润最大化的“黑箱”。这种黑箱思维直到1973年被科斯在《企业的性质》一文中用交易费用打开。在《企业的性质》一文中，科斯运用其首创的交易费用分析工具，认为企业产生的原因是在内化市场交易的过程中节约了交易费用，当企业内部完成一笔额外交易的费用等于在公开市场上完成该交易的费用时企业便达到了最佳规模。

威廉森（Willimson，1975、1985）在科斯交易费用理论基础上对交易费用的概念、交易费用与企业之间的关系做出进一步的贡献。威廉森认为，市场作为一种交易的协调机制或规制结构，在有限理性、机会主义行为、不确定性和小数目条件等因素综合作用下会失灵。在这种情况下，必须选择能够节约交易费用的非市场制度来替代市场机制，于是产生了作为一种等级制度的企业。沿着交易费用的思路，此后一系列新制度经济学家都对企业的性质进行了探讨。

张五常（1983）将交易费用企业理论的思想推到了“极端”，认为企业之所以能够节约交易费用在于企业的契约性质，“一个契约替代了一系列契约”“一个长期契约替代了若干个短期契约”“生产要素契约代替了中间产品契约”，从而减少所要签订契约的数量，实现交易费用的节约，在交易费用为零的情况下，采取任何一种形式组织生产都是无差异的，而在交易费用不为零的情况下，人们的选择取决于每一种契约安排的成本。

此外，除了被融入主流经济学的交易费用企业理论以外，还存在着其他有影响的企业理论，形成企业理论的“丛林”局面。具体包括：企业能力理论、企业演化理论、知识观企业理论等。上述关于企业的理论，都从不同的角度对企业特性进行了说明。

3.1.2 国有企业改革理论

1984年10月，党的十二届三中全会通过《中共中央关于经济体制改革的决定》，全面正式地启动了国有企业改革的进程[①]。1984年以来，国有企业改革成就举世瞩目，为创造中国“经济奇迹”作出了重要的贡献。但不可否认的是，国有企业改革在理论上一直处于“摸着石头过河”的探索状态，理论纷争持续不断，甚至可以说是改革开放以来中国经济学界理论争鸣最激烈的领域。国有企业改革的理论观点和政策主张多种多样，但迄今为止最有影响力的是产权改革论和竞争环境论。这两种理论针对国有企业效率低下和激励不足的弊端，分别从内部的产权激励和外部的竞争激励两个角度提出一系列旨在提高国有企业经济业绩的学术观点及政策建议。

3.1.2.1 产权改革论

产权改革论在各种国有企业改革理论中居于主流地位，从广义上讲，我国国有企业的产权改革既包括1978～1992年以扩大企业自主权、承包制为代表的经营权改革，又包括1992年以后以建立现代企业制度和股份制改造为代表的所有权改革。但是，产权改革理论的主要观点是在20世纪80年代后期随着信息经济学和新制度经济学理论被国内学者逐步接受而基本成型的，因此，这里主要讨论该时期的产权改革理论。产权改革论的基本观点是：产权不明晰和产权配置扭曲是造成国有企业经济效率低下的根本原因，因此，国有企业改革的核心问题是产权改革。对于如何进行产权改革，学术界的观点差异较大，这些观点大致可分为三种。

第一种观点是“国有企业股份化”，以厉以宁为代表。厉以宁早在1980年就提出了股份制改革的初步想法，其比较完整的股份制改革思想是在批评国有企业承包制改革模式缺陷的基础上逐步形成的。厉以宁认为，承包制改革存在不规范、政企并未分开、企业行为短期化、企业“包盈不包亏”、产业结构难以调整阻碍要素优化组合、国有资产易受侵蚀五方面的缺陷。股份制能够克服

① 实际上，国有企业改革从1978年就已开始，但一直处于试点阶段。以中央文件形式正式提出国企改革是在1984年。因此，此处将1984年作为国企改革正式和全面启动的元年。

这些缺陷，因此，国有企业改革的目标模式应该是股份制。

第二种观点是“国有企业民营化”，以张维迎为代表。该观点认为，企业作为一种团队生产机制，要保证生产效率，就必须解决激励和经营者选择两大问题。国有企业也是企业，因此，国有企业改革的核心也是解决这两个问题。那么，如何解决这两个问题呢？张维迎认为，必须在企业中实现剩余控制权与剩余索取权的统一，即谁拥有剩余控制权谁就应当拥有剩余索取权，反之亦然。至于如何实现国有企业的民营化，张维迎提出：第一，让政府由国有企业的“股东”转变为“债权人”，这样政府既可以拿到无风险的债息收入，也可免去监督之累。第二，由民营和外资企业等非国有经济主体通过“第三者”插足方式收购国有企业，承担国有企业“股东”的角色。

第三种观点是“国有企业全民化”。一些学者认为，国有企业既然是“全民所有制”企业，其所有者就是全体人民，因而产权是清晰的。但是，由于目前“全民所有制”采取的是政府所有的“国有制”形式，造成国有资产委托代理链条过长、“所有者缺位”“政企不分”以及代理风险严重等一系列问题。为使国有资产回归其“全民所有”的“公有制”本色，他们提出若干试图将国有资产注入某种形式的、以全体人民为受托人的信托基金中，进而可以抛开政府这个中间代理人，使全体人民更直接地享有国有资产所有权和收益权的国有企业改革方案。

上述三种国有企业产权改革论的实践效果差别很大。由于股份制改革既保持了政府对国有企业的实际控制权，又引入了现代公司制的资本组织形式，因而最终被广泛接受，形成了以股份制改造为核心，全面建立“现代企业制度”的国有企业改革路线。

3.1.2.2 竞争环境论

竞争环境论也称“超产权论”，最初由英国经济学家马丁和派克等提出。马丁和派克通过比较英国各类企业私有化后的经营业绩发现，在竞争比较充分的市场上，企业私有化后的平均效益显著提高；在垄断市场上，企业私有化后的平均效益改善不明显。于是，他们认为，企业效益与产权的归属变化没有必然关系，而与市场竞争程度有关，市场竞争越激烈，企业提高效率的努力程度越高。

林毅夫等结合对国有企业政策性负担的分析，进一步阐发了国有企业改革的“竞争环境论”。林毅夫等（2004）认为，我国长期采取的依靠国有企业实施优先发展重工业的“赶超战略”使国有企业背负了沉重的政策性负担。在信息不对称情况下，政策性负担会引发国有企业经理将经营性亏损归咎于政策性负担的道德风险，进而导致国有企业的预算软约束，而预算软约束又进一步导致激励不足和扭曲。政策性负担和预算软约束使得国有企业缺乏在市场竞争中生存的自生能力（林毅夫、刘培林，2001）。因此，国有企业改革的核心是塑造公平竞争的市场环境，在公平竞争的市场环境下，从解除国有企业的各种政策性负担入手，克服国家和企业之间的信息不对称，促使国有企业形成能够在竞争环境下自主经营和发展的“自生能力”。

与产权改革论相比，由于竞争环境论认为，企业产权是私有还是国有对于企业业绩没有根本性影响，从而回避了有关意识形态的敏感争论。在实践中，竞争环境论在推动价格改革、减少国有企业社会性负担以及推动国有垄断行业改革等市场化改革方面提出了一系列重要的改革措施，形成了一条与国有企业产权改革并行的市场化改革路线。

3.1.2.3　政策工具理论

如上所述，无论是产权改革论，还是竞争环境论，都没有明确回答国有企业存在合理性的问题，因此，它们都只是一种“国有企业改革”理论，而非完整的“国有企业”理论。一个完整的国有企业理论，不仅要阐释如何改革、治理和经营国有企业，还要解释为什么会存在国有企业，以及国有企业适合存在于哪些领域。国有企业政策工具论试图解释这些问题。

国有企业政策工具论认为，国有企业可作为政府的一种公共政策工具。黄速建、余菁（2006）认为，在社会主义市场经济体制中，国有企业不仅是政府干预经济的手段，还是政府参与经济的手段。刘元春（2001）将国有企业的效率区分为微观效率和宏观经济效率，并且认为国有企业的宏观经济效率具体体现为：国家利用与国有企业的特殊关系，把国有企业作为宏观经济调控和产业政策的直接传导工具。但是，与产权改革论和竞争环境论相比，政策工具论还没有形成系统的理论模型，没有充足的实证分析，目前总体上处于定性和规范分析阶段。

政策工具论是对国有企业改革进入“国有经济布局和结构的战略性调整”阶段的理论反映。这一阶段的许多国有企业改革举措，实际上都需要从国有企业政策工具功能角度来解释。

3.1.2.4 企业本位论

我国改革开放以来，学者们运用马克思主义的观点，认真总结新中国成立以来我国经济管理工作的经验和教训，为我国企业理论的发展作出了卓越贡献。关于国有企业制度改革的理论探讨，对国企改革的实践发挥了重要的推动作用。事实上，国有企业的股份制改造、国有企业治理结构的建设、国有企业产权制度的建立和完善，以及建立公平竞争环境等工作都建立在这些理论成果基础上。

1979 年，经济学家蒋一苇在中国经济体制改革初期提出了“企业本位论”，认为企业是整个国民经济的基石。按照马克思主义经济基础决定上层建筑的原理，必须首先确立社会主义企业的性质及其基本模式，以此为基础构筑整个社会主义的经济体制。属于上层建筑范畴的各项宏观体制，要立足于企业，服从于增强企业活力这一客观要求。企业作为经济细胞体是个“点”，通过横向的市场联系而结成“面”，又通过国家的纵向管理而构成“体”。这样，以“活细胞”为基础，就会组成一个充满生机与活力的国民经济肌体。企业本位论包括以下主要观点：

第一，企业是现代经济的基本单位。生产组织形式不能脱离和超越当前的生产力水平。以企业作为现代经济的基本单位，在发达的资本主义社会是适应的，在现代社会主义社会同样也是适应的。社会主义经济结构的基本单位仍然是企业。在社会主义国家的经济体系中，既有企业的独立性，又有国民经济的统一性。社会主义的民主集中制原则能在经济体系中完整地体现出来。

第二，企业必须是一个具有能动性的有机体。企业作为一个活的“细胞”，应当具有自由呼吸、吐纳、增殖的能力。具体来说，它对生产三要素，即劳动力、劳动手段、劳动对象以及这三个要素在企业与企业运行机制价值上形成的资金，应当有增减权和选择权。企业在保证履行国家法律规定的义务前提下，应具有完全的独立经营和自主发展的权利。

第三，企业应具有独立的经济利益。企业的独立性，归根到底表现为具有独立的经济利益。在社会主义历史阶段，必须发展商品经济，而企业作为商品生产者，必然有它的独立经济利益。社会主义企业应成为劳动者的利益共同体，劳动者个人利益要和企业集体对社会所作出的贡献大小相联系。职工群众要对所在企业的经济效益共同负责，这样才能促使职工从物质利益上关心企业的经济效益。

第四，社会主义制度下国家与企业的关系，不是行政隶属关系，而是一种经济关系。国家政权组织和经济组织应当分离。国家应从外部领导和监督经济组织，不能把整个国民经济当成一个“大企业”，把许许多多应当独立的经济实体当作它的分支机构而直接指挥它们的活动。国家对企业的领导应当体现为制定经济政策、经济法律和指导性经济计划，并运用经济杠杆调节和引导企业的经济活动。

3.2 业绩考核相关理论

3.2.1 委托代理理论

委托代理理论探讨的是在所有权与经营权分离，以及企业所有者与经营者之间存在信息不对称的情况下，企业如何协调委托人与代理人之间的利益，争取使企业整体利益实现最大化。委托代理理论是现代公司理论的重要组成部分，是绝大多数公司财务研究的理论起点。

20世纪60年代末诞生的委托代理理论，兴盛于20世纪70年代。当时经济学家们意识到新古典经济学中盛行的“企业黑箱”理论，越来越难以解释现代企业中所出现的一系列现象。一些学者开始尝试打破新古典经济学中的两个基本假设：信息是完全的和不存在不确定，着重从企业所有者和经营者之间的信息不对称以及所有者对经营者的激励方面展开研究，从而促进了委托代理理论的发展。现代意义上的委托代理关系最早由罗斯（Ross，1973）提出，罗斯强调，只要所有权拥有者委托代理人代其行使某些决策权，委托代理关系就会发生。

委托代理问题之所以产生，在于委托人与代理人之间的信息不对称以及契约不完全引起的不确定性，即：一方面，代理人无法完全知晓委托人会采取的行为；另一方面，由于契约的不完备，无法通过事前签订契约的方式完全约束代理人的行为。

3.2.2 利益相关者理论

“利益相关者”这一词最早被提出可以追溯到1984年，弗里曼出版了《战略管理：利益相关者管理的分析方法》一书，明确提出了利益相关者管理理论。利益相关者管理理论是指企业的经营管理者为综合平衡各个利益相关者的利益要求而进行的管理活动。与传统的股东至上主义相比较，该理论认为，任何一个公司的发展都离不开各利益相关者的投入或参与，企业追求的是利益相关者的整体利益，而不仅仅是某些主体的利益。

潘若斯在 1959 年出版的《企业成长理论》中提出了“企业是人力资产和人际关系的集合”的观念，从而为利益相关者理论构建奠定了基石。直到 1963 年，斯坦福大学研究所才明确地提出了利益相关者的定义：“利益相关者是这样一些团体，没有其支持，组织就不可能生存。”这个定义在今天看来，是不全面的，它只考虑到利益相关者对企业单方面的影响，并且利益相关者的范围仅限于影响企业生存的一小部分。但是，它让人们认识到，除了股东以外，企业周围还存在其他的一些影响其生存的群体。随后，瑞安曼提出了比较全面的定义：“利益相关者依靠企业实现其个人目标，而企业也依靠他们维持生存。”这一定义使得利益相关者理论成为了一个独立的理论分支。

3.2.3 目标管理理论

目标管理是管理专家彼得·德鲁克在其名著《管理实践》中最先提出的，其后他又提出“目标管理和自我控制”的主张。德鲁克认为，并不是有了工作才有目标，而是相反，有了目标才能确定每个人的工作。所以“企业的使命和任务，必须转化为目标”，如果一个领域没有目标，这个领域的工作必然被忽视。因此，管理者应该通过目标对下级进行管理，当组织最高层管理者确定了组织目标后，必须对其进行有效分解，转变成各个部门以及各个人的分目标，管理者则根据分目标的完成情况对下级进行考核、评价和奖惩。

目标管理提出以后，便在美国迅速流传。时值第二次世界大战后西方经济由恢复转向迅速发展时期，企业急需采用新的方法调动员工积极性以提高竞争能力。目标管理的出现可谓应运而生，遂被广泛应用，并很快为日本、西欧国家的企业所仿效，在世界管理界大行其道。

3.2.4 激励理论

作为心理学术语，激励指的是持续激发人的动机的心理过程。应用于管理，激励是我们通常所说的调动人的积极性。如何调动人们的工作积极性这一问题一直以来是理论研究的焦点问题之一。进入 20 世纪，伴随着伟大的“科学管理之父”弗雷德里克·泰勒的科学管理理论的出现与发展，对如何调动人们的工作积极性这一问题的研究有了长足发展，形成了比较系统的激励理论。

20 世纪初，弗雷德里克·泰勒提出用金钱刺激工人的工作积极性，这隐含着对人性的一种假设，也就是“经济人假设”，即：假定人都是追求经济利益最大化的，金钱是唯一的激励因素。激励员工努力工作的方式主要依赖于经济诱因和强制性的监督、惩罚措施。基于“经济人假设”，一些学者对激励理论进行了更深入的探讨，并将人们追求“经济收入最大化”扩展为追求“效用最大化”，把效用考虑进来，形成了以非对称信息博弈为基础的各种激励模型。

20 世纪 20 ~ 30 年代，埃尔顿．梅奥等通过“霍桑实验”发现，经济利益并不是员工工作积极性的惟一激励因素，员工除了追求经济利益以外，还追求其他一些东西，如被他人重视、被团体接受等。由此，行为主义学者摒弃了“经济人假设”，开始对人的本性进行深入探讨。一部分行为主义学者主要围绕“人到底追求什么”这一主题探讨人性，形成了所谓的“内容型激励理论”。后来，一些行为主义学者发现，“内容型激励理论”和“过程型激励理论”都过于片面，需要将两者结合起来才能形成完整的激励理论，这就形成了所谓的“综合激励模式”，包括波特 – 劳勒模型、勒温的“场动力论”、迪尔模型等。激励理论研究思路如图 3 – 1 所示。

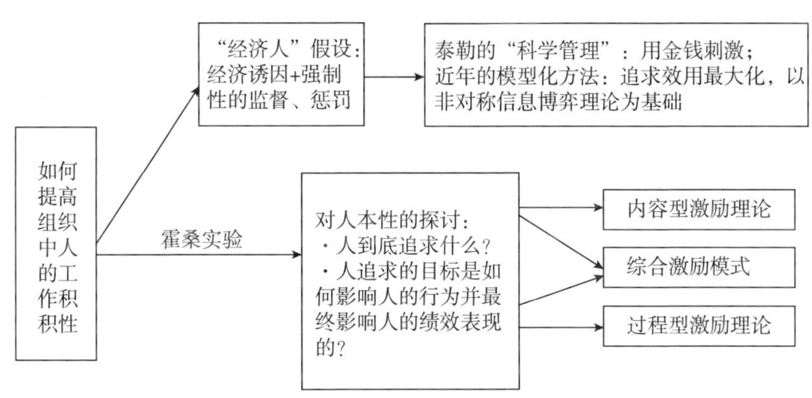

图 3 – 1　激励理论研究思路

资料来源：笔者根据相关资料整理。

3.2.5　公平理论

美国心理学家约翰·斯塔希·亚当斯提出了公平理论（又称社会比较理论），他认为“员工的激励程度来源于对自己和参照对象的报酬及投入的比例的主观比较感觉。”公平理论的基本观点是：当一个人做出了成绩并取得了报酬以后，他不仅关心自己的所得报酬的绝对量，而且关心自己所得报酬的相对量。因此，他要进行种种比较以确定自己所获报酬是否合理，比较的结果将直接影响今后工作的积极性。

比较有两种，一种比较称为横向比较（即一个人要将自己获得的“报偿”，包括金钱、工作安排以及获得的赏识等与自己的“投入”，如教育程度、所作努力、用于工作的时间、精力和其他无形损耗等的比值与组织内其他人作社会比较，只有相等时他才认为公平）；另一种比较称为纵向比较（即把自己目前投入的努力与目前所获得报偿的比值，同自己过去投入的努力与过去所获报偿的比值进行比较，只有相等时他才认为公平）。公平理论的基本内容包括三个方面：

第一，公平是激励的动力。公平理论认为，人能否受到激励，不仅受到他们得到了什么而定，还受到他们所得与别人所得是否公平而定。

第二，公平理论的模式（即方程式）为：

$$Qp/Ip = Qo/Io。 \quad \text{式（3-1）}$$

式中，Qp 表示一个人对他所获报酬的感觉，Ip 表示一个人对他所做投入的感觉，Qo 表示这个人对某比较对象所获报酬的感觉，Io 表示这个人对比较对象所做投入的感觉。

第三，不公平的心理行为。当人们感到不公平待遇时，在心里会产生苦恼，呈现紧张不安，导致行为动机下降，工作效率下降，甚至出现逆反行为。

公平理论对加强社会主义的企业管理，对于提高领导者、管理者的水平，是大有裨益的。因为公平理论认为，人们有一种保持分配上的公平的需要，这种公平感是一种普遍存在的心理现象，领导者是否认真考虑这种社会心理因素，是衡量其管理水平的重要标志。公平理论与业绩的评定有关。我们主张按业绩付报酬，并且各人之间应相对均衡。但如何评定业绩？是以工作成果的数量和质量，还是按工作中的努力程度和付出的劳动量？是按工作的复杂、困难程度，还是按工作能力、技能、资历和学历？不同的评定办法会得到不同的结果。同时，它与评定人有关。业绩由谁来评定，是领导者评定还是群众评定或自我评定，不同的评定人会得出不同的结果。

3.2.6 强化理论

强化理论（reinforcement theory）是美国的心理学家和行为科学家斯金纳等提出的一种理论。斯金纳所倡导的强化理论是以学习的强化原则为基础的关于理解和修正人的行为的一种学说。所谓强化，从其最基本的形式讲，指的是对一种行为的肯定或否定的后果（报酬或惩罚），它至少在一定程度上会决定这种行为在今后是否会重复发生。

根据强化的性质和目的，可把强化分为正强化和负强化。在管理上，正强化就是奖励那些组织上需要的行为，从而加强这种行为；负强化是指为了使某种行为不断重复，以减少或消除施于其身的某种不愉快的刺激。负强化的方法包括批评、处分、降级等，有时不给予奖励或少给奖励也是一种负强化。正强化的方法包括奖金、对成绩的认可、表扬、改善工作条件和人际关系、提升、安排担任挑战性的工作、给予学习和成长的机会等。

强化理论对管理实践的重要指导作用表现在四个方面：

首先，奖励与惩罚相结合。即对正确的行为，对有成绩的个人或群体给予适当的奖励。同时，对于不良行为，对于一切不利于组织工作的行为要给予处罚。

其次，以奖为主，以罚为辅。强调奖励与惩罚并用，并不等于奖励与惩罚并重，而应以奖为主，以罚为辅，因为过多运用惩罚的方法，会带来许多消极的作用，在运用时必须慎重。

再次，及时而正确强化。所谓及时强化是指让人们尽快知道其行为结果的好坏或进展情况，并尽量的予以相应的奖励，而正确强化是要“赏罚分明”，即当出现良好行为时给予适当的奖励，而出现不良行为时给予适当的惩罚。

最后，奖人所需，形式多样。要使奖励成为真正强化因素，必须因人制宜地进行奖励。每个人都有自己的特点和个性，其需要也各不相同，因而他们对具体奖励的反映也大不一样。

3.2.7 期望理论

北美著名心理学家和行为科学家维克托·弗鲁姆在《工作与激励》中提出了期望理论（expectancy theory）。期望理论以三个因素反映需要与目标之间的关系，要激励员工，就必须让员工明确工作能提供给他们真正需要的东西，他们欲求的东西是和业绩联系在一起的，而且努力工作就能提高他们的业绩。激励（motivation）取决于行动结果的价值考核和其对应的期望值（expectancy）的乘积：

$$M = V \times E \qquad \text{式}(3-2)$$

期望理论的基本内容主要是弗鲁姆的期望公式和期望模式。

弗鲁姆认为，人总是渴求满足一定的需要并设法达到一定的目标。这个目标在尚未实现时，表现为一种期望，这时目标反过来对个人的动机是一种激发的力量，而这个激发力量的大小，取决于目标价值和期望值的乘积。用公式表示是：

$$M = \Sigma V \times E \quad \text{式 (3-3)}$$

对于怎样使激发力量达到最好值，弗鲁姆提出了人的期望模式：个人努力──→个人成绩（业绩）──→组织奖励（报酬）──→个人需要。这个期望模式中的四个因素，需要兼顾几个方面的关系。

第一，努力和业绩的关系；

第二，业绩与奖励关系；

第三，奖励和个人需要关系；

第四，需要的满足与新的行为动力之间的关系。

3.3 生态文明相关理论

3.3.1 生态经济学理论

生态经济学思想的萌芽起源于 18 世纪末 19 世纪初至 20 世纪 20 年代初。17 世纪，英国古典政治经济学的奠基人威廉·配第意识到劳动创造财富的能力要受到自然条件的制约。1798 年，马尔萨斯开始关注人口与土地、粮食的关系，认为人口增长有超过食物供应增长的趋势，从而提出了“资源绝对稀缺论”。1817 年，李嘉图提出了不同于马尔萨斯的“资源相对稀缺论”。1871 年，约翰·穆勒提出了“静态经济”的观点，认为自然环境、人口和财富均应保持在一个静止稳定的水平，并提出了“生产的限制是两重的，即资本不足和土地不足”的结论。1876 年，恩格斯在《自然辩证法》里警戒人类“不要过于得意我们对自然界的胜利”。客观地说，20 世纪之前，人们对生态与环境问题的关注主要体现为人口与粮食的矛盾，主流经济学一直主张环境对经济增长的制约是微不足道的。

生态经济学的兴起及其理论发展阶段主要在 20 世纪 20 年代中期至 70 年代末。20 世纪 20 年代中期，美国科学家麦肯齐首次运用生态学概念对人类群落和社会予以研究。第二次世界大战以后，人口增长、粮食不足、环境污染、生态退化、能源危机、资源短缺等一系列社会公害开始敲响工业文明的警钟，不仅严重威胁着人类的生存，而且制约着社会经济的进一步发展。20 世纪中期，人们开始对经典经济增长方式进行了全面而深刻的反思与批判，并意识到只有将生态学和经济学有机结合，才能科学揭示自然和社会之间的本质联系及规律。

正是基于这种背景，生态经济学应运而生。1962年，美国生物学家莱切尔·卡逊所撰《寂静的春天》一书引起人们的广泛关注，它的问世，客观上催化了公众环境意识的快速形成，越来越多的经济学家和生态学家试图重新考量传统经济学的局限性。1968年，美国经济学家肯尼斯·鲍尔丁在《一门新兴科学——生态经济学》一文中首次正式提出生态经济学概念，明确阐述了生态经济学的研究对象，并对人口控制、资源利用、环境污染以及国民经济与福利核算等问题作了原创性研究。

20世纪80年代至今，生态经济学理论不断创新发展。20世纪80年代，生态经济学作为一门新兴科学开始倍受世人瞩目。1987年，世界环境与发展委员会发表的《我们共同的未来》报告进一步明确了可持续发展的概念，将可持续发展定义为“既满足当代人的需求又不危及后代满足其需求的发展”。这个概念最为重要之处是将代内公平和代际公平当作人类发展的目标及人类行为的准则。80年代，生态经济学研究的另一个显著成就是生态经济学家初步成功地根据能量系统理论利用能量单位诠释了自然环境资源系统与社会经济系统间的本质关系。

20世纪90年代以后，可持续发展理论和生态经济价值理论受到各国学者密切关注及重视。1992年6月，联合国环境与发展大会在巴西里约热内卢召开，大会通过了《里约环境与发展宣言》《21世纪议程》等重要文件，这次会议揭开了全球可持续发展的序幕。此后，世界各国对可持续发展理论展开了广泛而深入的研究。2001年11月，美国的布朗在《生态经济——有利于地球的经济构想》一书中提出经济系统是生态系统的一个子系统的观点，这一思想在生态经济学界掀起轩然大波，给人们提供了一种全新的视角。2003年，布朗撰写的《B模式：拯救地球延续文明》一书问世，这一研究成果尽管带有一定悲观色彩，但其对人类社会经济的发展仍有较强的警示作用和积极意义。

综上，可以发现生态经济学理论演进的清晰路径，即20世纪60年代末至70年代末，生态经济学理论强调生态系统与经济系统的矛盾运动，关注的焦点是生态平衡以及如何解决“人类困境”；20世纪80至90年代，生态经济学研究强调生态系统与经济系统的协调发展，关注的焦点转向环境容量与资源承载力；20世纪90年代至今，生态经济学研究则强调可持续发展战略与模式，关注的焦点扩展到生态经济价值理论，这一阶段的研究成果标志着真正意义上的生态经济分析的开始。

3.3.2 循环经济学理论

作为人类对自然环境的重新认识，现代循环经济的思想在20世纪60年代环境保护思潮和运动崛起的时代开始萌芽。

来自不同学科领域的科学家们从环境对经济的基本功能在理论和方法应用上进行了广泛地探索研究，重新思考人类社会与自然之间的关系。这个时期的一个重要认识是，认为人类社会也是自然的一部分，人口的大量增长与经济活动已经使自然的基本的生命支持功能受到威胁。这些思想呼唤着新的经济发展方式，已经为现代循环经济学播下种子。

20世纪70年代，循环经济学的基本思想已经形成，但其作为一个独立的学科还没有正式确立，需经历一段曲折发展道路之后才缓慢形成，研究一度陷入次要甚至卑微地位，但其思想仍然逐渐传播开来并得到发展。

20世纪后半叶，环境危机对西方科学的基本前提提出挑战，一些经济学家开始探讨用科学史与科学哲学去理解已经出现的环境危机。例如，西方科学中的普适性原则。然而，自然是不断进化的，并且不同地方进化的方式不同，因此，这种普适性原则可能导致对自然现象的错误认识。因此，20世纪70至80年代出现了跨学科以及问题导向的研究与教育方法。这些都对循环经济学的发展产生了巨大推动作用。在经历了认识论与方法论的探索及发展后，循环经济学可以说已基本形成。

循环经济理论最终形成于20世纪80年代。1984年，吴季松主持了联合国的研究——《多学科综合研究应用于发展》，该研究寻找不单纯依靠稀缺自然资源实现经济增长的出路，提出可以利用知识来优化自然资源的配置并引导消费；利用知识维系并修复自然生态系统，以提高其承载力。这项研究成果在国内外引起广泛的关注，推动循环经济学理论体系进一步完善。其后，一系列有关会议相继召开。这些会议将各国学者们广泛联系起来，成功地使循环经济学思想赢得大家的普遍认可，吸引很多学者开始转向循环经济学方面的研究。这些会议成功地使循环经济学最终成为一门独立学科。此后，循环经济及新的经济发展方式的研究开始蓬勃发展。

3.3.3 可持续发展理论

可持续发展是指既能满足当代人的需要，又能保护满足当代人和后代人福利需求的地球生命支持系统的发展。1992年，可持续发展理论刚一提出，就风靡全球，成为全球学术界研究关注的重点。由此，挪威的布伦特兰主导西欧21

个国家展开了关于“经济发展与生态可持续”的主题会议（WCED），其达成共识“既满足当代人的需求，又不对后代人满足其自身需求的能力构成危害的发展”得到了全世界人民的广泛接受和认可。

可持续发展的目标包括繁荣的生活、可持续的安全食品、可持续的安全饮用水、全球清洁能源、健康和富有活力的生态系统以及可持续的社会治理。消除贫困和饥饿，提高健康和福利水平，以及建立可持续的生产和消费模式是实现可持续发展的原则。可持续发展的三个条件是：第一，建立考核人类福利和生态系统健康状况的总指标，该指标应体现人类共同繁荣、发展成果共享以及生态可持续发展的目标；第二，构建人与自然综合系统的动态模型；第三，探索人类对可持续发展目标形成共识的创新途径。

3.3.4 三种生产论和“三生共赢”

3.3.4.1 三种生产论

人和环境组成的世界系统，在基本层次上，可以概括为三种生产，即物资生产、人的生产和环境生产。

其中，物资生产指人类从环境中索取生产资源并接受人的生产环节产生的消费再生物，并将它们转化为生活资料的总过程。该过程生产出生活资料去满足人的需求，同时产生废弃物返回环境；人的生产指人类生存和繁行的总过程。该过程消费物资生产提供的生活资料和环境生产提供的生活资源，产生人力资源以支持物资生产和环境生产同时产生消费废弃物返回环境，产生消费再生物返回物资生产环节；环境生产是指在自然力和人力共同作用下环境对其自然结构和状态的维持与改善，包括消耗污染（加工废弃物、消费废弃物）和产生资源（生活资源生产资源）。可见，任何一种生产不畅都会危害世界系统的持续和发展；反之，人和环境这个系统的畅通程度取决于三种生产之间的协同程度。

3.3.4.2 三生共赢原则

三生共赢准则，指在一个区域的一切发展行为都必须能同时使自然生态得到改善，人民生活得到提高，经济生产得到发展。其中，“发展行为”包括政府的政策行为、组织的生产行为和投资行为，以及公众的一切涉及社会发展的行为。准则的要点不但是生态、生活、生产分别得到改善、提高和发展，而且更重要的是三者在时间和空间上共赢（叶文虎、甘晖，2015）。

三生共赢原理是共赢原理在环境管理中的应用。共赢原理指在制定处理涉及利益冲突的双方、多方关系的方案时，必须兼顾各方面的合理利益。三生共赢原理是指要把解决环境问题的目标定位于生活、生产与生态的协调发展，具体来讲是生活提高、生产发展与生态改善。因此，三生共赢原理要求，在处理环境与经济的冲突时，必须寻求既能保护环境，又能促进经济发展的方案。

3.3.5 习近平中国特色生态文明建设理论

习近平生态文明思想深刻回答了建设生态文明的原因、建设生态文明的方向和建设生态文明的举措等重大理论和实践问题，思想内涵丰富、博大精深。这一思想在历史观方面体现为生态兴则文明兴；在自然观方面体现为人与自然和谐共生；在发展观方面体现为绿水青山就是金山银山；在民生观方面体现为良好生态环境是最普惠的民生福祉；在系统观方面体现为山水林田湖草是生命共同体；在法治观方面体现为实行最严格生态环境保护制度；在行动观方面体现为共同建设美丽中国；在全球观方面体现为共谋全球生态文明建设之路。这一重要思想既是习近平新时代中国特色社会主义思想的重要组成部分，又进一步丰富了坚持和发展中国特色社会主义的总体目标、任务、布局和发展理念、方式及动力。

第 4 章 我国国有企业现行业绩考核体系研究

4.1 我国国有企业业绩考核的规范研究

4.1.1 国有企业业绩考核的政策

本书通过整理国资委网站 1991 年至今发布的与业绩考核相关的政策文件得到表 4－1 中的相关内容。

表 4－1　国有企业业绩考核政策文件

内容	具体名称
国有企业业绩考核政策	国务院国有资产监督管理委员会令 40 号（2019）； 国务院国有资产监督管理委员会令 33 号（2016）； 国务院国有资产监督管理委员会令 30 号（2012）； 国务院国有资产监督管理委员会文件（2012）； 国务院国有资产监督管理委员会文件（2010）； 国务院国有资产监督管理委员会令 22 号（2009）； 国务院国有资产监督管理委员会文件（2009）； 国务院国有资产监督管理委员会文件（2008）； 国务院国有资产监督管理委员会文件（2007a）； 国务院国有资产监督管理委员会文件（2007b）； 国务院国有资产监督管理委员会令第 14 号（2006）；财政部文件（2002a）；财政部文件（2002b）；财政部、国家经贸委、国企业工委、劳动保障部、国家计委文件（2002）；财政部文件（1999）

资料来源：笔者根据相关资料整理。

在政策文件上，2007 年，国务院国资委开始在国有企业引入经济增加值（EVA）经营业绩考核试点，旨在引导国企树立资本成本理念、谨慎投资、规范投资行为、激励企业投资主业、做强主业。2007～2009 年，部分国企自愿参与了考核，其中，2007 年有 87 家，2008 年有 93 家，2009 年有 100 家。2010 年伊始，国资委在国企及其控股上市公司全面施行经济增加值（EVA）业绩考核，国务院国资委令第22号《中央企业负责人经营业绩考核暂行办法》（以下简称“第22号令”）自2010年1月1日起开始在国企业中全面实行。第22号令对国企负责人年度考核的基本指标进行了较大调整，将原来规定的年度利润总额和净资产收益率（ROE）指标变更为年度利润总额和经济增加值（EVA）指标，其中经济增加值（EVA）指标权重为40%。为了加大经济增加值（EVA）考核力度，自2013年1月1日开始执行的国务院国资委令第30号（以下简称“第30号令”）中，国资委进一步将经济增加值（EVA）考核指标的权重提升至50%，部分企业如中化集团、中国化工等甚至将经济增加值（EVA）考核指标权重提高到了60%、70%。2016年和2019年，国资委又实行了“第33号令”和“第40号令”，但其中对于考核对象、经济增加值（EVA）的计算以及资本成本率未有新的规定说明。

4.1.2 国有企业业绩考核的内容演进

4.1.2.1 实物产量考核

在国资委成立之前，国有企业价值考核内容经历了实物产量考核，产值和利润指标考核，以投资报酬率为核心的财务指标考核，财务指标与非财务指标相结合的考核四个阶段。新中国成立之初至20世纪70年代末，中国施行高度集中的计划经济体制，当时国有企业没有自主经营权，政府决定企业生产的产品种类、规格和数量，无偿拨付生产过程需要的资金和各种生产要素。国有企业在财务上统收统支，企业利润全部上缴，亏损全部核销。这一时期，国有企业价值考核以实物产量为核心。然而，这种考核方式的目标完成是政府的生产计划，无论何种实物产量的考核，都无法反映企业的真实价值。

4.1.2.2 产值和利润指标考核

改革开放之后，国有企业逐渐获得自主经营权，拥有独立生产者地位。1982年，国家经济贸易委员会、国家计划委员会等六部门制定了总产值和增长率等16项主要经济效益指标，以对国有企业进行考核。尽管这种考核方式可以避免单一指标存在的片面性，但却没有把考核指标按照重要程度加以区分，因而不能客观地反映各个企业当前的真实情况。1988年，国家统计局、国家计划委员会、财政部和中国人民银行联合发布将劳动生产率等8项指标作为国有企业的考核依据。然而，这8项指标在实际工作中并未得到普遍落实，绝大多数国有企业仍然通过实现利润或者上缴利润予以考核承包计划的具体完成情况。

4.1.2.3　以投资报酬率为核心的财务指标考核

步入 20 世纪 90 年代，中国逐步建立了现代企业制度，结构调整和提高经济效益成为经济工作的重心，国有企业从考核产值和利润转变为考核投资报酬率等财务指标。1992 年，国家计划委员会、国务院生产办公室和国家统计局颁布了资金利润率等 6 项考核工业企业的指标。与此同时，依据重要程度、指标的权重和标准值进行考核计分。此后，1995 年财政部出台了包括销售利润率等 10 项指标在内的考核体系。1997 年，国家统计局等相关部门又对 1992 年出台的工业企业考核体系作出调整，把原有的 6 项指标调整为总资产贡献率等 7 项指标，同时调整指标权重和标准平均值。

4.1.2.4　财务指标与非财务指标相结合的考核

为了适应市场体制不断完善和现代企业制度的逐步建立带来的国有企业监管模式的转变，1997 年，财政部基于多方面意见，初步建立了以净资产收益率（ROE）为核心指标的国有企业价值考核体系。1998 年，财政部在原有考核体系的基础上又加入了定性考核因素，将具体指标由原有的 12 项增加到了 38 项，建立了以基本指标为主导、修正指标为补充、并结合专家评议指标的三层次立体考核指标体系。1999 年，38 项考核指标被精简为 32 项，考核内容包括经营能力、经营水平、信用状况和发展潜力四个方面，具体到经营者基本素质、产品市场占有能力、基础管理水平、经营发展战略、发展创新能力、在岗员工素质、技术装备更新水平和综合社会贡献 8 项评议指标。2002 年，以上考核体系经过进一步修订后保留了 28 项指标。

4.1.2.5　经济增加值考核

伴随着经济体制的变化和转型，国有企业价值考核体系的建立也是一个探索过程。在国务院国资委成立前，对国有企业的考核由多个部门负责，政出多门，导致考核指标或者过于粗糙，不能准确地反映出企业的性质和经营效益；或者过于细致，在实际操作中由于工作量过大而难以执行，影响考核效果。2003 年 4 月 6 日，国务院国资委正式成立，至此，对国有企业的考核进入一个崭新的阶段。国资委对国有企业的考核大致可以划为三个阶段：第一阶段运用传统财务指标进行考核；第二阶段运用传统财务指标的同时，导入经济增加值指标测算，即过渡阶段；第三阶段全面施行经济增加值考核阶段。

4.2 我国国有企业业绩考核的实地研究

4.2.1 国企经济增加值业绩考核实行情况调研

4.2.1.1 调研对象的选取

在规范研究的基础上，本书采用实地研究的方法，对国有企业的业绩考核现状进行了调研。本书以国务院国资委管理的国企集团及其控股上市公司为调研对象，调研样本选取基于三方面原因。

第一，从现行业绩考核办法本身看，《中央企业负责人经营业绩考核办法》明确将国有资本控股公司纳入被考核范围。在我国，大型国有集团控股公司属于国有资本控股公司范畴。因此，从考核办法本身的适用范围看，国企作为大型国有集团，其控股的上市公司也在被考核范围内。

第二，从企业集团和控股上市公司的关系看，尽管国企控股上市公司均为独立的法人实体，但事实上，由于企业集团掌握了上市公司的控股权，上市公司的重大决策或重大人事安排，基本上由企业集团决定。一方面，在财务上，公司集团的年度财务报告与一般公司的财务报告的内容基本相同，这些账目都是由所有控股上市公司的相应账目汇总而成，企业集团的财务情况取决于其控股上市公司的财务状况和发展前景。因此，尽管国企控股上市公司在财务上进行独立核算，但它们与企业集团之间不是相互孤立的，而是一个整体。另一方面，在管理上，由于国企控股的上市公司受所属企业集团的控制，被控股上市公司的董事会实际上是其所属企业集团的代表，负责贯彻和执行企业集团的指令及规定，这就形成了被控股的上市公司与控股的企业集团之间在事实上的管理与被管理关系。这种管理与被管理关系在有些方面是强制性的，例如，生产经营计划，财务政策与会计标准，人事等，企业集团下达的统一计划，各控股公司必须施行，企业集团将直接任免控股公司的管理人员等。通过上述分析可知，国企控股上市公司的行为势必体现企业集团的意志，上市公司的行为受企业集团的规范。因此，从企业集团和控股上市公司的关系看，国企控股上市公司将不可避免的接受集团总部的经营业绩考核。

第三，通过对部分企业的调研发现，国企控股上市公司确实按照国资委规定执行经济增加值（EVA）业绩考核。这进一步佐证了调研对象的可靠性。

4.2.1.2　调研结果的描述

由于种种客观因素所限，本书调研对象包括中国交通建设集团有限公司、中国航空工业集团公司、中国船舶集团公司、神华集团、中国有色矿业集团有限公司、中国五矿集团公司、中国兵器装备集团公司、中国中化集团公司、中国华能集团、中国机械工业集团公司10家国企集团及其控股的51家上市公司。调研方式包括现场访谈、电话访谈、线上访谈等。调查结果表明：国企及其控股上市公司确实按照国资委的要求执行经济增加值（EVA）考核，其考核内容也遵照国资委出台的《中央企业负责人经营业绩考核办法》的规定执行。

4.2.2　京能集团综合业绩考核实践

4.2.2.1　京能集团概况

北京能源集团有限责任公司（简称“京能集团”）前身是北京国际电力开发投资公司，成立于1993年，后分别与北京市综合投资公司、北京市热力集团有限责任公司、北京京煤集团有限责任公司进行合并重组。京能集团是以“煤电，煤化，清洁能源，热力供应，房地产物业经营、文旅医疗健康”为主营业务的综合能源集团，是北京市国资委管理的国有独资企业，注册资本204亿元。

历经多年的健康发展，集团资产质量稳步向好，盈利能力显著提高，社会知名度和影响力日益提升。同时，经过多年的资本积累和资产整合，集团形成了煤、电、热一体化的大能源格局，主要业务涵盖电力能源、热力供应、煤炭经营、地产置业、节能环保和金融证券等多个板块。

集团主动融入“五位一体”总体布局和“四个全面”战略布局，认真践行“五大发展理念”，围绕“四个中心”的首都城市战略定位，实施“能源为主、适度多元、产融结合、协同发展”的业务组合战略，实施“立足首都、依托京津冀、拓展全国、走向世界”的空间布局战略，加快布局调整和结构优化，加快业务整合与管理融合，加快发展方式转变和人才队伍建设，促进集团化管控、专业化经营、精细化管理，促进集团各业务板块稳健、协调、可持续发展，努力打造成为国际一流的首都综合能源服务集团。

4.2.2.2　京能集团综合业绩考核的指标内容

京能集团综合业绩考核的维度包括战略管理、发展创新、经营决策、风险控制、基础管理、人力资源、行业影响、社会贡献八个维度。

（1）战略管理维度，包括战略制定科学性（有战略、无倾斜、少变动、核心业务区）、战略制定适用性（战略计划匹配度、指导意义）、战略实施执行

（监控、调整及宣贯计划的实施力）、战略实施支撑度（组织架构、制度体系）、经营管理创新（注重树立创新意识）、工艺革新及技术革新（侧重于考核工艺和技术革新）、技术装备先进性、新技术应用六个方面指标。

（2）发展创新维度，包括新产品开发和品牌培育方面、市场拓展措施、研发投入和核心技术研发及专利申请情况（投入、机构、知识产权、技术、专利）、企业决策管理程序及方法措施（制度合理性及可操作性）四方面指标。

（3）经营决策维度，包括企业决策管理程序及方法措施（制度合理性及可操作性）、企业决策执行措施及监督、企业责任追究措施及实施效果三个方面指标。

（4）风险控制维度，包括风险控制标准、风险评估机制、风险监控预警机制（风险防范）、风险管理效果（风险化解）四个方面指标。

（5）基础管理维度，包括制度建设及内部控制方面情况、标准化管理方面情况、信息化建设方面情况两个方面指标。

（6）人力资源维度，包括人力资源引进与培养、人力资源使用与退出、人力资源激励约束制度三方面指标。

（7）行业影响维度，包括企业文化建设与实施及员工热情度、市场占有率及区域经济影响与带动力、核心竞争力及产业引导能力、主要产品及品牌的市场认可程度四个方面指标。

（8）社会贡献维度，包括资源节约、环境保护、产品质量、安全生产、和谐社会建设方面、社会责任旅行四个方面指标。

此外，考核标准进一步化分为平均标准和优秀标准两个层次。

4.3　我国国有企业业绩考核的实证研究

自 2010 年 1 月 1 日开始施行的国务院国资委令第 22 号，旨在引导国有企业提高投资效率和增强核心竞争力，最终实现长期价值创造。其中，涉及国企业负责人业绩考核体系的一系列重大调整，最引人注目的变化是核心考核指标由净资产收益率（ROE）指标替换为经济增加值（EVA）指标。自第 22 号令颁布以来，国资委率先对其所属的国企全面施行经济增加值（EVA）业绩考核，地方国资委，例如，北京、山东、辽宁、湖南和湖北等地也陆续试点施行经济增加值（EVA）业绩考核。为了进一步提高国有资本的使用效率，提升国企的价值创造水平，国资委又在 2013 年 1 月 1 日起开始执行的国务院国资委令第 30 号中将经济增加值（EVA）考核指标的权重提升至 50%，在国务院国资委令第 33 号中对于考核对象、EVA 的计算以及资本成本率未有新的规定说明。在引入经济增加值（EVA）指标后，国企业负责人的业绩不只与会计利润相挂钩，而且与扣除全部资本成本的经济利润相挂钩，其中，所扣除的资本成本也包含股权资本成本。国资委发布的经济增加值（EVA）考核政策体现了我国国有资产监管方对经济增加值（EVA）价值管理理念的肯定和重视，加强了对国企业价值创造的宏观战略导向，不但对国企业提升投资效率和价值创造能力有促进作用，也对其控股上市公司产生了积极影响（张先治、李琦，2012）。

自经济增加值（EVA）概念诞生以来，西方学者就经济增加值（EVA）对企业投资行为的影响展开了探讨。

一方面，有学者认为，经济增加值（EVA）倡导的价值创造和股权资本成本可以鼓励管理层投资能够提升企业价值的项目，从而起到抑制非效率投资的作用。威廉（William，1997）从理论上证实，只要管理层的报酬随着公司业绩的增加而提高，经济增加值（EVA）等剩余收益型业绩考核指标用于考核公司业绩时，就可以令公司的管理层做出唯一有效的投资决策，从而起到增加公司和投资者收益的作用。罗伯特（Robert，1999）用 1987 ~ 1996 年应用经济增加值（EVA）的公司数据证明，应用经济增加值（EVA）的公司能够比同行业其他公司为股东创造更多价值。研究发现，经济增加值（EVA）带来的经营改善能够解释股东价值的增加。但是，与华莱士（Wallace，1997）的研究结论不同，罗伯特（Robert，1999）发现，应用经济增加值（EVA）的公司资本支出增加了。科斯蒂根（Costigan，2002）通过对比 115 个使用了经济增加值（EVA）的公司和 1271 个未使用经济增加值（EVA）的公司，发现应用经济增加值（EVA）的公司，相对来说，有高比例的机构所有权、低比例的内部所有权以及较高的研发支出。乔尔（Joel，2004）将经济增加值（EVA）、公司治理与股东价值相联系，研究发现：如经济增加值（EVA）这样的经济利润指标运用于薪酬激励机制中，可以抑制不增加股东价值的企业规模扩张以及融资，并且基于经济增加值（EVA）的薪酬激励机制，在私有企业和国有企业中都有助于提升企业价值、提高效率。黄卫伟、李春瑜（2004）研究发现，公司将经济增加值（EVA）引入激励合约，能够对股东和管理层之间的博弈造成影响。同时，经济增加值（EVA）有保障公司利益相关者利益的作用，也能够避免公司经营者和员工的短期行为，并且能统一公司经营者和所有者的利益。研究发现，经济增加值（EVA）业绩考核和激励机制有利于健全公司的薪酬激励和约束相容机制，引导管理层科学地进行投资决策和融资决策，起到完善上市公司财务治理的作用（翟振才，2009）。自国资委2010年第22号令实行后，国内学者开始就国有企业经济增加值（EVA）考核与非效率投资的关系进行讨论。张先治、李琦（2012）实证检验了经济增加值（EVA）对企业过度投资行为的影响。研究发现，经济增加值（EVA）业绩考核体系的实施具有显著的治理效应，能够抑制国企业上市公司的过度投资行为。郑艳洁（2013）也得出了相似的结论。池国华、邹威（2014）通过引入薪酬经济增加值（EVA）敏感性，度量经济增加值（EVA）考核与管理层薪酬相挂钩的激励效用，以2010~2012年沪深两市A股国有上市公司为样本，分别考察了基于经济增加值（EVA）的管理层薪酬机制对代理成本和非效率投资的影响后果。研究指出，基于经济增加值（EVA）的管理层薪酬机制，通过降低代理成本，从而有效地治理了非效率投资，并且这种抑制效果随着经济增加值（EVA）考核有效性的加强而加强。

另一方面，有学者发现，经济增加值（EVA）所倡导的股权资本成本似乎能导致管理层的短期化举动，例如，缩减资本投入，引起投资不足。大卫和斯蒂芬（David and Stephen，2002）研究发现，经济增加值（EVA）可能会令管理层压缩投资，导致投资不足。与此同时，如果企业运营较好，经济增加值（EVA）不会削弱创造价值的投资决策的激励作用。然而，孙铮、吴茜（2003）指出，由于资本成本的大小直接影响着经济增加值（EVA）的高低，而经济增加值（EVA）又关系着管理层收到的薪酬。因而，公司的管理层很可能为了增加经济增加值（EVA）而削减公司的资本投资，以此降低资本成本。刘运国、陈国菲（2007）研究发现，经济增加值（EVA）指标会令经营者率先考虑可以增加经济增加值（EVA）的、风险低的短期投资项目，而摒弃哪些虽然有利于公司长远发展，但风险较高的新产品研发等长期投资活动。

可见，尽管学术界关于经济增加值（EVA）业绩考核与非效率投资的研究取得了较为丰富的成果。但现有文献仍存在以下局限性：

第一，现有研究缺乏从更细致的角度讨论经济增加值（EVA）与非效率投资的关系；

第二，国内该领域的已有文献大都集中于定性研究，并没有衡量经济增加值（EVA）考核的具体效果以不同效果程度对非效率投资带来的不同程度的影响，可见现有文献未触及经济增加值（EVA）考核作用的内核。

第三，在现有文献中，描述式研究、实证研究、分析式研究和案例研究是国外经济增加值（EVA）研究的主流方法，实地研究和调查研究在国外经济增加值（EVA）研究中也较常使用。相比之下，我国关于经济增加值（EVA）的文献中，有超过一半都是描述性的、概念分析性的研究，其他研究方法运用较少。

第四，已有关于经济增加值（EVA）与非效率投资关系的研究，大多集中于过度投资，对投资不足的探讨却并不深入。

第五，已有文献对于经济增加值（EVA）与非效率投资关系的研究尚未形成统一结论。

为此，本书以 2010～2019 年国企业控股上市公司为研究样本，考察了经济增加值（EVA）业绩考核与非效率投资的关系。

4.3.1　理论分析与研究假设

非效率投资行为的主要动因是信息不对称和代理问题。但是，由于我国特定的制度背景，国企资金的取得相对比较容易，信息不对称导致的融资约束对国企非效率投资的解释力度相对较弱，因而，影响国有企业控股上市公司投资行为的主要动因是代理问题。委托代理理论认为，股东和经理人的利益冲突，即第一层代理问题源于现代企业所有权与经营权的剥离。股东以股东价值最大化为目标，而管理层也会追逐自身利益的最大化。在投资决策时，管理者往往会投资可以为自身增加利益的项目，而忽略股东的利益，因此产生了非效率投资。

激励机制是缓解代理问题的重要途径和方法，合理的薪酬合约不失为一种有效的激励手段（Jensen and Meckling，1976），为了使薪酬机制充分地发挥激励作用，与薪酬相挂钩的业绩考核是企业实现对管理者监督和激励的一项重要举措。通过业绩考核机制得到管理层业绩，然后按照薪酬契约对管理层业绩给予相应的奖金等货币性报酬和升迁等非货币性报酬。因此，业绩考核指标一旦确定，就给管理者的行为树立了标杆（张先治、李琦，2012）。当业绩考核指标可以恰如其分地考核公司业绩的同时又能合理代表股东权益时，与业绩考核指标相关联的经理人激励机制才能令经理人以股东价值最大化为目标而作出投资决策。因此，有效的业绩考核指标是实现有效率投资的关键。国资委发布的相关配套文件中多次强调“业绩上，薪酬上”的思想，这里的业绩指经济增加值（EVA）业绩，薪酬指与经济增加值（EVA）业绩挂钩的高管薪酬，经济增加值（EVA）考核实行效果的好坏，取决于管理层对这一考核办法的接受程度和管理效果。此外，由于国有企业控股上市公司具有特殊性，较难在较短期内通过股权激励约束管理者的投资行为，因此高管薪酬是最主要的激励方式。一般认为，股权激励是长期激励，薪酬激励是短期激励。但是，基于经济增加值（EVA）业绩考核的薪酬激励在一定程度上考虑了这一条件。经济增加值（EVA）考核办法中包括任期考核等条款和机制，确保基于经济增加值（EVA）薪酬机制具有长期激励的效果。科学的业绩考核指标，只要能够有效代表股东权益，合理考核公司年度业绩，就能够激励管理者实现最佳投资决策［库博（Kubo，2005）］。

首先，经济增加值（EVA）业绩考核指标是一项通过科学设置的管理会计工具，在考核方面比传统的基于会计利润的指标更加合理和准确，这源于其所强调的股权资本成本理念。经济增加值（EVA）基于剩余收益的概念，度量的是企业的经济利润，它与会计利润不同，经济增加值（EVA）指标中包含了股权资本成本，在度量时扣除股权资本成本，用以补偿股东的权益。可见，只有在投资收益足以弥补包含股权资本成本在内的全部资本成本时，经理人才能够为股东创造真正的价值，如果继续不计成本的为扩大企业规模而投资，只会降低经济增加值（EVA）指标。经济增加值（EVA）业绩考核与薪酬机制挂钩后，减小了管理层和股东在利益诉求上的差异。因此，经济增加值（EVA）指标提高了管理者利益和股东利益的接近程度，有效缓解了代理问题，能够引导管理者从股东利益的角度出发进行投资决策。

其次，国资委设计了适合国企业及其控股上市公司的经济增加值（EVA）指标。上市公司财务报告是按照会计准则编制并反映经济结果的，这对企业的真实价值产生了扭曲。经济增加值（EVA）对税后净营业利润和资本成本进行了相应的会计调整，最主要的两项包括对战略性资产投资资金占用和研发费用的调整，分别涉及资产负债表和利润表的内容。其中，战略性资产投资具有一次性投入大或投资回收期长的一般特征，费用化处理将影响管理者投资积极性，而且一般短时间内不能带给企业明显的收益，倘若不允许扣除会导致较高的资本成本，至此公司当期的经济增加值（EVA）将被减少，这在一定程度上挫伤了经理人投资的积极性。经济增加值（EVA）强调资本化代替费用化，在计算资本投资的时候予以扣除，这样就不能在短时间内明显减少公司的经济增加值

（EVA），因此，能在一定程度上激励管理者加大战略性投资并关注长期价值创造，保持了经理人投资的动力，避免了管理者过分考虑机会成本和短期风险而造成投资不足。同时，研发投入是公司重要的长期投资之一，它有助于增加未来业绩、提升核心竞争力，然而，研发投入的回收周期较长、风险较高，并且一般情况下当年产出为零。因此，公司为了提高短期的经营业绩，通常会缩减研发投入。根据国资委考核办法的规定，经济增加值（EVA）允许研发费用调整，规定研究开发费用作为税后净营业利润调整项予以加回，这样的直接调整在认定和审核程序上看似过于简化，却有效的反映出经济增加值（EVA）倡导的理念，即通过加大研发投入提升企业核心竞争力，将在一定程度上起到促进研发投入的效用。

因此，经济增加值（EVA）业绩考核可以极大程度地缓解股东目标和管理者行为的冲突，协调两者之间的利益分歧，从而降低代理成本，起到治理非效率投资的作用。

基于以上分析，本书提出如下假设：

H4 -1：经济增加值（EVA）考核能够减少国有企业控股上市公司的过度投资，经济增加值（EVA）与过度投资呈负相关关系。

H4 -2：经济增加值（EVA）考核能够抑制国有企业控股上市公司的投资不足，经济增加值（EVA）与投资不足呈负相关关系。

4.3.2　研究设计

4.3.2.1　样本选取

本书以国务院国资委管理的国有企业控股上市公司为研究样本。样本选取原因已在前文中详细阐述，此处不再赘述。本书以 2010 ~ 2019 年为研究区间。由于国务院国资委对国有企业全面实行经济增加值（EVA）业绩考核始于 2010 年 1 月 1 日，因此，本书的样本期间也始于 2010 年 1 月 1 日。本书通过手工收集、筛选和实地调研和访谈的方式得到研究样本，收集和筛选的具体步骤如下：

第一步，通过查询国务院国资委网站，确认国有企业名录。由于本书的样本期间为 2010 ~ 2019 年，因此，所查询的国企业名录不包括 2019 年 12 月 31 日后的调整情况；

第二步，通过登录集团网站获取其控股的上市公司，由于本书的样本期间设定为 2010 ~ 2019 年，因此，与第一步相同，统计结果时间依然截至 2019 年 12 月 31 日；

第三步，为了佐证研究样本的可靠性，本书采用实地研究的方法，调研和访谈了部分国企业及其控股上市公司，以确认这些公司是否实行经济增加值（EVA）考核，以及是否按照国资委的具体规定实行经济增加值（EVA）考核；

第四步，剔除样本期间退市的公司。

在进行上述筛选后，最终得到符合要求的349家上市公司的研究样本。

4.3.2.2 数据来源

本书的样本数据主要包括三方面：经济增加值（EVA）指标数据、非效率投资数据和上市公司财务数据。

本书所用经济增加值（EVA）指标数据遵照国资委考核办法的规定，通过手工计算得到，计算所需财务数据来自国泰安金融数据库（CSMAR）和锐思数据库（RESSET），以及上市公司年报数据；本书所用非效率投资数据根据理查森（Richardson，2006）的方法计量得到，计量所需相关财务数据来自国泰安数据库（CSMAR）和锐思金融数据库（RESSET）；本书所使用的其余财务数据均来自国泰安数据库（CSMAR）和锐思金融数据库（RESSET）。剔除缺失值数据后，对位于1%和99%分位数外的数据进行了Winsorize处理，以缓解数据极端值对研究结果的影响。在对数据进行处理后，最终得到349家公司2248个年度观测值。

4.3.2.3 变量定义

（1）因变量：非效率投资。借鉴理查森（Richardson，2006）并结合辛清泉等（2007）、姜付秀、伊志宏等（2009），花贵如、刘志远等（2011），陈运森和黄健峤（2019），綦好东等（2019），王仲兵和王攀娜（2018），周微等（2017）的做法计量非效率投资，具体算法如下。

第一步，采用式（4-1）计算公司的总投资，总投资定义为公司全部的资本支出加上进行现金收购的支出减去出售资产的收入后的金额。

$$I_{TOTAL,t} = CAPEX_t + Acquisitions_t - SalePPE_t \qquad 式（4-1）$$

式中，$CAPEX_t$表示公司的资本支出，$Acquisitions_t$表示进行现金收购的支出，$SalePPE_t$表示出售资产的收入。

第二步，把总投资分解为式（4-2）所表示的两部分。

$$I_{TOTAL,t} = I_{MAINTENANCE,t} + I_{NEW,t} \qquad 式（4-2）$$

式中，$I_{MAINTENANCE,t}$表示维持资产在原有状态下的投资花费；$I_{NEW,t}$表示投资在新项目上的支出。$I_{NEW,t}$能够进一步分解为投资在一个全新的NPV为正的项目

上的支出 $I^*_{NEW,t}$ 和多余的投资 $I^\varepsilon_{NEW,t}$，$I^\varepsilon_{NEW,t}$ 是非效率投资。$I^\varepsilon_{NEW,t}$ 可由模型（4－1）（投资期望模型）计算得到。

$$I_{NEW,t} = \underbrace{a + \beta VP_{t-1} + \Phi Z_{t-1}}_{I^*_{NEW,t}} + I^\varepsilon_{NEW,t} \qquad \text{模型（4－1）}$$

式中，*VP* 表示增长机会，本书采用销售增长率表示。*Z* 表示影响投资支出的其他因素，包含财务杠杆（*Lev*）、公司规模（*Size*）、上市年限（*Age*）、年初货币资金（*Cash*）、年度股票回报率（*Ret*）、上期投资水平（INV_{t-1}）、年度固定效应（*Year*）和行业固定效应（*Industry*）。模型（4－1）得出的预期投资水平是理想的投资水平 $I^*_{NEW,t}$，残差项就是非效率投资 $I^\varepsilon_{NEW,t}$。本书将非效率投资记作 *Ineff－Inv*。当残差项 $I^\varepsilon_{NEW,t}$ 大于零时为投资过度，记为 *Over－Inv*；当残差项 $I^\varepsilon_{NEW,t}$ 小于零时是投资不足，记为 *Under－Inv*。

模型（4－1）中主要变量的定义如表 4－2 所示。

表 4－2　投资期望模型的变量定义

变量符号	变量含义	度量方法
INV	*t* 年的投资水平	购建固定资产、无形资产和其他长期资产所支付的现金与处置固定资产、无形资产和其他长期资产所收回的现金之差与年初总资产的比值
$Growth_{t-1}$	*t*－1 年的成长性	本期销售收入与上期销售收入之差与上期销售收入的比值
$Size_{t-1}$	*t*－1 年的企业规模	资产总额的自然对数
Lev_{t-1}	*t*－1 年的资产负债率	负债总额与资产总额的比值
$Cash_{t-1}$	*t*－1 年的现金持有量	现金的期末余额与平均总资产的比值
Age_{t-1}	*t*－1 年的上市年限	截至 *t*－1 年末的企业上市年限的自然对数
Ret_{t-1}	*t*－1 年的股票年度收益率	股票年度回报率
INV_{t-1}	*t*－1 年的投资水平	*t*－1 年的投资水平

表 4－3 报告了投资期望模型的回归结果。年度变量 Year 和行业变量 Industry 作为控制变量，既有研究表明，企业的增长机会（$Growth_{t-1}$）、货币资金（$Cash_{t-1}$）、公司规模（$Size_{t-1}$）以及股票回报率（Ret_{t-1}）与投资量呈正相关关系，而财务杠杆（Lev_{t-1}）、上市年限（Age_{t-1}）与投资量呈负相关关系。从以上回归结果可以看到，上市时间和公司规模的回归系数符号与预期符号相反，

但并不显著，且系数非常小，股票回报率结果不显著，其余变量的符号均与预期符号一致，并且显著。

表 4-3　　投资期望模型的回归系数预测与结果

因变量	INV	预期符号	系数
自变量	*Intercept*	?	0.027 (0.52)
	$Growth_{t-1}$	+	0.006*** (2.71)
	$Size_{t-1}$	+	-0.000 (-0.18)
	Lev_{t-1}	-	-0.059*** (-5.45)
	$Cash_{t-1}$	+	0.222*** (10.87)
	Age_{t-1}	-	0.001 (1.09)
	Ret_{t-1}	+	0.002 (0.83)
	INV_{t-1}	+	0.490*** (45.12)
控制变量	*Yearfixedeffects*	Yes	Yes
	Industryfixedeffects	Yes	Yes
N			952
$adj-R^2$			0.293

（2）自变量：年度经济增加值（EVA）。本书遵照《中央企业负责人经营业绩考核办法》中规定的经济增加值（EVA）计算方法度量样本公司的年度经济增加值（EVA）。具体计算方法如式（4-3）所示。

经济增加值 = 税后净营业利润 - 资本成本 = 税后净营业利润 - 调整后资本 × 平均资本成本率　　式（4-3）

式中包括资本成本率（C）、调整后资本（COC）和税后净营业利润（NOPAT）三方面内容。

首先，资本成本率（C）。考核办法对资本成本率（C）的确定如表 4-4 所示。本书在计算经济增加值（EVA）时也依照上述原则选取适用各样本公司的资本成本率。

表4-4　新旧经济增加值（EVA）考核办法对比

评价办法	国资委第22号令	国资委第30、33、40号令
评价对象	国企业负责人，是指经国务院授权由国务院国有资产监督管理委员会履行出资人职责的国家出资企业的下列人员： ◆国有独资企业的总经理（总裁）、副总经理（副总裁）、总会计师 ◆国有独资公司的董事长、副董事长、董事，列入国资委党委管理的总经理（总裁）、副总经理（副总裁）、总会计师 ◆国有资本控股公司国有股权代表出任的董事长、副董事长、董事，列入国资委党委管理的总经理（总裁）、副总经理（副总裁）、总会计师	
EVA计算方法	◆经济增加值＝税后净营业利润－资本成本＝税后净营业利润－调整后资本×平均资本成本率 ◆税后净营业利润＝净利润＋（利息支出＋研究开发费用调整项－非经常性收益调整项×50%）×（1－25%） ◆调整后资本＝平均所有者权益＋平均负债合计－平均无息流动负债－平均在建工程	◆经济增加值＝税后净营业利润－资本成本＝税后净营业利润－调整后资本×平均资本成本率 ◆税后净营业利润＝净利润＋（利息支出＋研究开发费用调整项）×（1－25%） ◆调整后资本＝平均所有者权益＋平均负债合计－平均无息流动负债－平均在建工程
资本成本率	国企业资本成本率原则上定为5.5% 承担国家政策性任务较重且资产通用性较差的企业，资本成本率定为4.1% 资产负债率在75%以上的工业企业和80%以上的非工业企业，资本成本率上浮0.5个百分点 资本成本率确定后，三年保持不变	

资料来源：笔者根据资料整理。

其次，调整后的资本（COC）。调整后资本（COC）的计算方法如式（4-4）所示：

调整后资本＝平均所有者权益＋平均负债合计－平均无息流动负债－平均在建工程　　式（4-4）

式中，无息流动负债指企业财务报表中的应付票据、应付账款、预收款项、应交税费、应付利息、应付职工薪酬、应付股利、其他应付款和其他流动负债（不含其他带息流动负债）；对于专项应付款和特种储备基金，可视同无息流动负债扣除。在建工程是指企业财务报表中的符合主业规定的“在建工程”。

最后，税后净营业利润（NOPAT）。国务院国有资产监督管理委员会令第22号（自2010年1月1日开始执行）对税后净营业利润的计算规定如式（4-5）所示：

税后净营业利润＝净利润＋（利息支出＋研究开发费用调整项

-非经常性收益调整项×50%）×（1-25%）

式（4-5）

国务院国有资产监督管理委员会令第30号（自2013年1月1日开始执行）对税后净营业利润的计算方法如式（4-6）所示：

税后净营业利润=净利润+（利息支出+研究开发费用调整项）×（1-25%）

式（4-6）

第22号令与第30号令的区别在于：在税后净营业利润中将公司变卖主业优质资产等得到的非经常性收益全额扣除。第33号令和第40号令在此处无变化。

因此，本书根据考核办法出台的时间，遵照第22号令度量样本公司中2010~2012年经济增加值（EVA），遵照第30号令度量样本公司中2013~2019年经济增加值（EVA）。

通过以上计算，本书得到各样本公司2010~2014年的经济增加值（EVA）。为了消除计量单位对回归结果的影响，本书将经济增加值（EVA）与总资产相除予以标准化。

（3）控制变量。根据以往文献，本书还控制了成长机会（*Growth*）（辛清泉等，2007；盈利能力（*Roa*）（姜付秀、伊志宏等，2009）；负债比率（*Lev*）（唐雪松等，2007；黎来芳等2013）；企业规模（*Size*）［詹森（Jensen，1986）］、现金股利（*Div*）（王洋、彭家生，2012）、管理费用率（*Adm*）（李琦，2014；喻坤等，2014）。此外，考虑到代理问题是导致国企控股上市公司非效率投资的主要动因，因此，本书进一步控制了独立董事规模（*Director*）高管薪酬（*Compensation*）等公司治理变量作为控制变量，本书还同时控制了年度和行业的影响。

（4）模型设计。本书使用模型（4-2）检验假设H4-1和假设H4-2。其中，*Ineff-Inv*为两个非效率投资指标*Over-Inv*和*Under-Inv*。*EVA*为经济增加值（EVA）指标；*Contrlvariable*是表4-5中所示的控制变量，*Yr*和*Ind*分别表示年度和行业虚拟变量。假设H4-1、假设H4-2预期，*EVA*的系数α_1显著为负。

$$Ineff-Inv = \alpha_0 + a_1 EVA + \sum_{q=3}^{m} a_q \ (qthContrlvariable) + \mathrm{Ind} + Yr + \delta$$

模型（4-2）

模型（4-2）的相关变量定义如表4-5所示。

表4－5　模型4－2的变量定义

	变量符号	变量含义	度量方法
被解释变量	*Over－Inv*	过度投资	投资期望模型中>0的回归残差
	Under－Inv	投资不足	投资期望模型中<0的回归残差的绝对值
解释变量	*EVA*	经济增加值	按照第22号令与30号令的规定计算得到
控制变量	*Growth*	成长机会	主营业务收入增长率
	Roa	盈利能力	总资产收益率
	Lev	负债比率	负债总额与资产总额的比值
	Size	企业规模	总资产的自然对数
	Div	股利支付	支付现金股利取值为1，否则取值为0
	Adm	管理费用率	年末管理费用与主营业务收入的比值
	Director	董事会结构	董事会中独立董事的比例
	Compensation	高管薪酬	公司前3名高管薪酬总额的自然对数

4.3.3　实证分析

4.3.3.1　描述性统计

表4－6和表4－7列示了本章主要变量的描述性统计结果。

表4－6　**Over－Inv组主要变量的描述性统计分析**

Variable	*Obs*	*Mean*	*Std. Dev.*	*Min*	*Med*	*Max*
Over－Inv	769	0.131	0.072	0.001	0.131	1.688
EVA	769	2.814	1.575	0.008	2.915	4.984
Roa	769	0.201	0.233	－0.269	0.096	1.296
Growth	769	0.161	0.589	－1.000	0.088	7.292
Lev	769	0.564	0.228	0.040	0.560	1.290
Size	769	22.38	1.408	16.46	22.21	27.39
Div	769	0.470	0.190	0.000	1.000	1.000
Adm	769	0.245	0.110	0.001	0.284	0.644
Director	769	0.330	0.089	0.000	0.333	0.684
Compensation	769	14.05	0.172	12.19	14.12	16.24

表4-7　Under-Inv组主要变量的描述性统计分析

Variable	*Obs*	*Mean*	*Std. Dev.*	*Min*	*Med*	*Max*
Under-Inv	1479	0.196	0.107	0.031	0.212	0.889
EVA	1479	3.883	0.635	0.154	3.975	5.134
Growth	1479	0.127	0.393	-0.722	0.093	4.501
Roa	1479	0.029	0.103	-1.558	0.026	1.296
Lev	1479	0.562	0.364	0.026	0.565	8.612
Size	1478	22.55	1.388	17.12	22.42	27.03
Div	1479	0.550	0.498	0.000	1.000	1.000
Adm	1479	0.026	0.034	0.004	0.020	0.360
Director	1479	0.336	0.093	0.125	0.333	0.684
Compensation	1479	14.05	0.174	12.19	14.12	16.24

表4-6中，过度投资指标Over-Inv均值（中位数）为0.131（0.131），标准差等于0.072，最大值和最小值分别为1.688和0.001，说明过度投资程度在样本公司中存在较大差异；经济增加值（EVA）EVA均值（中位数）为2.814（2.915），最大值为4.984，最小值为0.008，说明总体上，我国国有企业控股上市公司价值创造能力较低，经济增加值（EVA）水平在样本公司中存在一定差异；其他变量的分布较为合理，不存在异常值。

表4-7中，投资不足指标Under-Inv均值（中位数）为0.196（0.212），标准差等于0.107，最大值和最小值分别为0.889和0.031，说明投资不足程度在样本公司中存在较大差异；经济增加值（EVA）EVA均值（中位数）为3.883（3.975），最大值为5.134，最小值为0.154，说明总体上，我国国有企业控股上市公司价值创造能力较低，经济增加值（EVA）水平在样本公司中存在一定差异；其他变量的分布较为合理，不存在异常值。

4.3.3.2　相关性分析

表4-8和表4-9报告了本章主要变量之间的相关系数。

表 4-8　Over - Inv 组主要变量的 Pearson 和 Spearman 相关系数

		A	B	C	D	E	F	G	H	I	J
Over - Inv	*A*	1.000	-0.907***	0.834	0.596**	-0.786**	0.733	-0.036	0.111**	-0.997***	-0.867***
EVA	*B*	-0.558***	1.000	0.034	-0.096**	0.086**	0.033	-0.035	-0.109**	0.297***	0.476***
Growth	*C*	0.777***	-0.448***	1.000	-0.015	0.046	0.028	0.037	0.112**	-0.387***	-0.367***
Roa	*D*	0.474***	0.316***	-0.363***	1.000	0.230***	-0.379***	-0.036	-0.110**	0.477***	0.267***
Lev	*E*	-0.624***	0.481***	-0.224***	0.316***	1.000	0.012	-0.037	-0.111**	0.397***	0.467***
Size	*F*	0.667***	-0.345***	0.490***	-0.367***	-0.287***	1.000	0.036	0.111	-0.377***	-0.367***
Div	*G*	-0.049	-0.045	0.081	-0.100*	-0.058	0.071	1.000	-0.004*	-0.039	-0.041
Adm	*H*	0.433***	-0.185***	0.169***	-0.046	-0.189***	0.174***	0.011	1.000	-0.098	-0.079
Director	*I*	-0.624***	0.234***	-0.469***	0.372***	0.380***	-0.384***	-0.067	-0.159***	1.000	0.453***
Compensation	J	-0.414***	0.481***	-0.405***	0.433***	0.313***	-0.257***	-0.041	-0.135***	0.340***	1.000

注：下三角是 Pearson 相关系数，上三角是 Spearman 相关系数；***、**、* 分别代表在 1%、5% 和 10% 水平上显著。

表 4-9　Under - Inv 组主要变量的 Pearson 和 Spearman 相关系数

		A	B	C	D	E	F	G	H	I	J
Under - Inv	*A*	1.000	-0.093**	-0.086**	-0.096**	0.093**	-0.093**	0.019	-0.037	-0.090**	-0.031
EVA	*B*	-0.013**	1.000	-0.099**	-0.055	-0.469***	0.378***	0.036	-0.052	-0.013	0.063
Growth	*C*	-0.036	-0.088**	1.000	0.230***	0.099**	-0.100**	-0.020	0.029	-0.057	0.007
Roa	*D*	-0.044	-0.056	0.073*	1.000	0.056	-0.055	-0.001	0.060	-0.002	-0.033
Lev	*E*	0.093**	-0.420***	0.030	0.047	1.000	-0.100***	-0.036	0.052	0.013	-0.063
Size	*F*	-0.081*	0.229***	-0.078*	-0.049	-0.455***	1.000	0.036	-0.052	-0.013	0.063
Div	*G*	0.007	0.043	-0.020	-0.041	0.008	0.028	1.000	0.068	0.002	0.039
Adm	*H*	-0.006	-0.053	-0.029	-0.005	0.126***	-0.047	0.044	1.000	-0.017	-0.076
Director	*I*	-0.083**	-0.025	-0.067	-0.048	-0.006	-0.009	0.029	0.016	1.000	-0.043
Compensation	J	-0.050	0.072*	0.038	-0.047	-0.072*	0.077*	0.039	-0.095**	-0.060	1.000

注：下三角是 Pearson 相关系数，上三角是 Spearman 相关系数；***、**、* 分别代表在 1%、5% 和 10% 水平上显著。

表4－8中，经济增加值指标（EVA）与过度投资指标Over－Inv的相关系数均为负，并且在1%水平上显著，说明随着经济增加值（EVA）的增加，过度投资Over－Inv显著减少，经济增加值（EVA）评价能够有效减少过度投资，这符合假设H4－1的预期。

表4－9中，经济增加值指标EVA与投资不足指标Under－Inv的相关系数均为负，并且在1%水平上显著，说明随着经济增加值（EVA）的增加，投资不足Under－Inv得到抑制，这符合假设H4－2的预期。

纵观各变量间的相关系数，无论Pearson相关系数或是Spearman相关系数值均没有超过0.5，因此，各自变量之间存在弱相关性，可以初步判断由这些自变量组成的回归模型能够避免多重共线性对回归结果的干扰。从相关系数的显著性水平看，个别变量间相关关系并不显著。这是因为，无论是Pearson相关系数，或是Spearman相关系数，都只是初步反映了变量两两之间的相关关系，并没有控制其他变量的影响。所以，接下来，有必要通过回归分析，进一步控制其他变量的影响，进而得到更加可靠的结论。

4.3.3.3 回归分析

表4－10报告了经济增加值（EVA）对非效率投资的回归结果。

表4－10　　EVA与非效率投资的回归结果

Variable	(1)	(2)	(3)	(4)	(5)	(6)
Over－Inv	*Over－Inv*	*Over－Inv*	*Over－Inv*	*Under－Inv*	*Under－Inv*	*Under－Inv*
EVA	－0.366*** (－2.21)	－1.276** (－2.920)	－1.290*** (－2.970)	－3.577*** (－8.340)	－2.387*** (－6.150)	－2.416*** (－6.130)
Growth		0.002 (0.680)	0.002 (0.370)		－0.010* (－2.270)	－0.010* (－2.380)
Roa		0.019 (0.990)	0.002 (0.12)		0.012** (0.570)	0.009** (0.450)
Lev		－0.015** (－1.310)	－0.014** (－1.220)		0.003 (0.520)	0.003 (0.500)
Size		0.001 (0.390)	0.001 (0.360)		0.001 (1.040)	0.001 (1.080)
Div		0.001 (0.060)	－0.001 (－0.040)		－0.023*** (－4.670)	－0.003*** (－4.670)
Adm		0.215*** (4.320)	0.273*** (5.210)		0.094*** (5.400)	0.087*** (4.940)

续表

Variable	(1)	(2)	(3)	(4)	(5)	(6)
Director			-0.018 (-0.610)			0.056** (3.180)
Compensation			-0.056*** (-3.330)			0.007 (0.670)
Constant	-0.120*** (-7.690)	-1.151*** (-4.680)	-0.024 (-0.670)	0.3350*** (4.890)	7.350*** (5.670)	7.283*** (4.930)
Yearfixedeffects	Yes	Yes	Yes	Yes	Yes	Yes
Industryfixedeffects	Yes	Yes	Yes	Yes	Yes	Yes
N	769	769	769	1479	1479	1479
$Adj-R^2$	0.005	0.050	0.062	0.044	0.652	0.654

注：括号中为t值；***、**、*分别代表在1%、5%和10%水平上显著。

回归（1）~（3）列示了Over-Inv作为非效率投资指标时的结果：回归（1）中，仅控制了年度与行业效应的影响，发现经济增加值指标EVA的系数等于-0.366，并且在1%水平上显著；回归（2）中，加入了一些公司层面影响非效率投资的变量，EVA的系数依旧在5%水平上显著小于0；回归（3）中，进一步加入公司治理的控制变量，EVA的系数依旧在1%水平上显著为负。在经济意义上，以回归（3）为例，经济增加值指标EVA的系数 a_1 等于-1.290，表明，经济增加值（EVA）指标EVA每增加1个标准差，过度投资Over-Inv将减少2.03个标准差（1.290×1.575）。这从经济意义上看十分显著。

从控制变量看，成长机会（Growth）、盈利能力（Roa）、企业规模（Size）、管理费用率（Adm）与过度投资（Over-Inv）正相关，说明成长性越好、盈利能力越强、企业规模越大、管理费用率越高，过度投资越严重。而负债比率（Lev）、股利支付（Div）、独董比例（Director）和高管薪酬（Compensation）与过度投资（Over-Inv）负相关，说明负债越多，支付现金股利、独董比例越高、高管薪酬越高，过度投资越少，这符合现有研究的发现。本节计算了各变量的VIF值，发现均在5之内，进一步排除了多重共线性问题对回归结果的干扰。

上述回归结果符合假设H4-1的预期。

回归（4）~（6）列示了Under-Inv作为非效率投资指标时的结果：回归

（4）中，仅控制了年度与行业效应的影响，发现经济增加值指标 EVA 的系数等于 -3.577，并且在 1% 水平上显著；回归（5）中，加入了一些公司层面影响非效率投资的变量，EVA 的系数在 1% 水平上显著小于 0；回归（6）中，进一步加入公司治理的控制变量，EVA 的系数依旧在 1% 水平上显著为负。在经济意义上，以回归（6）为例，经济增加值指标 EVA 的系数 a_1 等于 -2.416，表明，经济增加值（EVA）指标 EVA 每增加 1 个标准差，投资不足 Under - Inv 将减少 1.53 个标准差（2.416 * 0.635）。这从经济意义上看十分显著。

从控制变量看，负债比率（Lev）、股利支付（Div）与投资不足（Under - Inv）正相关，说明负债水平越高、支付现金股利、投资不足越严重。而成长机会（Growth）、盈利能力（Roa）、企业规模（Size）、管理费用率（Adm）、独董比例（Director）和高管薪酬（Compensation）与投资不足（Under - Inv）负相关，说明企业成长性越好、盈利能力越强、企业规模越大、管理费用率越大、独董比例越高、高管薪酬越高，投资不足越少，这符合现有研究的发现。本节计算了各变量的 VIF 值，发现均在 5 之内，进一步排除了多重共线性问题对回归结果的干扰。

上述回归结果符合假设 H4 -2 的预期。

4.3.4 拓展性分析

正如现有文献的研究，经济增加值（EVA）在对非效率投资起到抑制作用的同时，也有引发投资不足的可能，经济增加值（EVA）考核指标有进一步恶化经管理层短期化行为的倾向。其主要原因在于，经济增加值（EVA）的计算要扣除股权资本成本，公司资本投资的规模越大，产生的资本成本越高。管理层和股东之间存在着冲突和博弈，管理层更注重当前利益而非长远利益。倘若采用经济增加值（EVA）指标进行业绩考核，管理层为了提高当期的经济增加值（EVA），很可能最大限度地从现有资产中获取利润，而缩减任何不能立即带来回报的投资，这将使他们放弃那些初期可能亏损、资金耗费大、需时长但长期收益较高、整个投资期效益出色的投资项目。并且，相对于提高税后净营业利润，短期内控制资本量要容易的多，因此，看重短期利益的管理层更可能倾向于选择后者。尤其是，出于稳步改革的考虑，国资委当前在年度考核的基本指标中引入经济增加值（EVA）考核国企负责人的业绩，任期考核的基本指标与原有的业绩考核体系中暂时没有引进经济增加值（EVA）指标，这有可能引发管理层的机会主义行为，进而导致投资不足的发生。所以，经济增加值

（EVA）业绩考核有可能导致国有企业投资不足现象的出现。

那么，经济增加值（EVA）业绩考核在抑制过度投资时是否会矫枉过正而导致投资不足？为了验证这一问题，本书在模型（4－2）中加入经济增加值（EVA）指标 *EVA* 的平方项 EVA^2，以捕捉经济增加值（EVA）对非效率投资的非线性影响。对应的回归模型如下所示：

$$Ineff-inv = \gamma_0 + \gamma_1 EVA + \gamma_2 EVA^2 + \sum_{q=3}^{m}\gamma_q(qthContrlvariable) + Ind + Yr + \theta$$

模型（4－3）

表4－11报告了模型（4－3）的估计结果。可见，无论使用 *Over－Inv* 还是 *Under－Inv* 作为衡量非效率投资的指标，或是否控制其他影响非效率投资的相关因素，*EVA* 指标均与非效率投资程度显著负相关。更重要的是，*EVA* 的平方项 EVA^2 的系数为负，而且依然显著，说明从整体上看，*EVA* 与非效率投资之间存在倒U型关系，适度的 *EVA* 能够最大化企业的投资效率，既可以降低投资不足，又可以抑制过度投资，从而实现全面提升企业的投资效率。然而，尽管 *EVA* 可以显著抑制非效率投资，但本书进一步研究发现，*EVA* 的积极效应也存在适用空间，合理的 *EVA* 能够最大化降低非效率投资，但也存在过犹不及。

表4－11　　经济增加值（EVA）与非效率投资之间的非线性关系

	(1)	(2)	(3)	(4)	(5)	(6)
	Over－Inv	*Over－Inv*	*Over－Inv*	*Under－Inv*	*Under－Inv*	*Under－Inv*
EVA	−1.105** (−1.190)	−0.802** (−0.540)	−2.184** (−1.440)	−3.577*** (−8.340)	−2.387** (−6.150)	−3.603*** (−8.410)
EVA^2	−0.059* (−2.030)	−0.260** (−3.220)	−0.284*** (−3.540)	−0.336*** (−5.490)	−0.174** (−2.820)	−0.172** (−2.760)
Growth		0.003 (0.680)	0.002 (0.370)		−0.009* (−2.180)	−0.010* (−2.300)
Roa		0.041 (1.800)	0.028 (1.220)		0.011 (0.560)	0.001 (0.440)
Lev		−0.015 (−1.280)	−0.014 (−1.200)		0.003 (0.570)	0.003 (0.560)
Size		0.001 (0.400)	0.001 (0.340)		0.001 (0.920)	0.001 (0.940)
Div		0.001 (0.080)	0.001 (0.010)		−0.013* (−2.380)	−0.013* (−2.350)
Adm		0.198*** (4.590)	0.268*** (5.690)		0.097*** (5.510)	0.089*** (5.080)

续表

	(1)	(2)	(3)	(4)	(5)	(6)
	Over – Inv	*Over – Inv*	*Over – Inv*	*Under – Inv*	*Under – Inv*	*Under – Inv*
Director			–0.019 (–0.650)			0.058 ** (3.210)
Compensation			–0.062 *** (–3.580)			–0.001 (–0.010)
Constant	–0.125 *** (10.060)	–1.190 *** (–5.010)	–0.220 (–0.610)	0.249 *** (5.150)	7.363 *** (5.200)	7.369 *** (4.150)
Yearfixedeffects	Yes	Yes	Yes	Yes	Yes	Yes
Industryfixedeffects	Yes	Yes	Yes	Yes	Yes	Yes
N	769	769	769	1479	1479	1479
$Adj-R^2$	0.025	0.053	0.067	0.019	0.645	0.647

注：括号中为 t 值； *** 、** 、* 分别代表在 1% 、5% 和 10% 水平上显著。

4.3.5 进一步分析

本书的“管理者特征”指国有企业负责人的行政级别。作为被考核者的国有企业是国有经济主体的典型代表，它们具有不同等级的行政级别。本书将关注国有企业负责人这一行政背景特征是否影响国资委对其业绩考核的效果，从而影响其对非效率投资的治理。

被考核者对于上级考核者看重的考核指标会特别关注，因此，被考核者会力争实现较好的业绩以美化这些指标结果。换言之，被考核者对于考核指标存在“迎合”迎合行为［费雷拉和奥特利（Ferreira and Otley，2009）］，被考核的国有企业负责人出于这种“迎合”会对经济增加值（EVA）考核指标予以重视。但是，在现实中，由于国有企业行政级别现象的存在，即便是归属国资委管理的企业，在涉及一些重大问题上也并非是国资委自身能够决定的。在国资委管理的国有企业中，一部分企业负责人属于中管干部（归中央管理），一部分企业负责人完全归属国资委管理。在人事任免方面，一般情况，中管干部由组织部门任免，或由组织部门和国资委协商一致决定任免。因此，尽管国资委的业绩考核与企业负责人的薪酬及升迁挂钩，但是，由于一部分国有企业负责人的任免并不完全受国资委制约，很可能导致这部分国有企业负责人对于自己的“领导”（国资委）反而不够重视，即使存在“迎合”心理，这部分负责人所在的企业，经济增加值（EVA）考核对非效率投资的治理效应也会有所削弱。

本书通过查询各中央企业集团网站得到中央管理的央企名录。由于本书的样本期间截至 2019 年 12 月 31 日，因此本书内容不涉及 2019 年 12 月 31 日后的调整情况。

基于以上分析，本书提出如下研究假设：

H4－3：国资委任免的国有企业负责人更加重视经济增加值（EVA）考核，在这部分国企控股的上市公司中，经济增加值（EVA）考核的治理作用更强，它与过度投资的负相关关系更显著。

H4－4：国资委任免的国有企业负责人更加重视经济增加值（EVA）考核，在这部分国企控股的上市公司中，经济增加值（EVA）考核的治理作用更强，它与投资不足的负相关关系更显著。

在模型（4－2）中加入管理者特征的虚拟变量作为调节变量，记作 *Manager*。当 *Manager* 等于 1 时，代表该企业的负责人由国资委任免，当 *Manager* 等于 0 时，代表该企业的负责人由组织部门任免。同时，在模型中加入经济增加值（EVA）*EVA* 与管理者特征 *Manager* 的交互项，用 *EVA*×*Manager* 表示，以检验管理者特征对经济增加值（EVA）考核实施力度的影响。因此，得到模型（4－4），用以对假设 H4－3 和 H4－4 进行检验。

$$Ineff-inv = \beta_0 + \beta_1 EVA + \beta_2 Manager + \beta_3 EVA \times Manager + \sum_{q=4}^{m}\beta_q\ (qthContrlvariable) + Ind + Yr + \sigma \qquad \text{模型（4－4）}$$

表 4－12 报告了模型（4－4）的估计结果。可见，无论使用 *Over－Inv* 或者使用 *Under－Inv* 作为因变量，*EVA* 的系数始终显著为负；更重要的是，交互项 *EVA*×*Manager* 的系数一直负，且在 1% 水平上显著，说明相对于组织部门任免的国有企业负责人，国资委任免的国企业负责人更加重视经济增加值（EVA）考核。在这部分国有企业控股的上市公司中，经济增加值（EVA）考核的治理作用更强，它与非效率投资的负相关关系更强。这符合假设 H4－3、假设 H4－4 的预期。

表 4－12　　管理者特征的调节作用

Variable	*Over－Inv*	*Under－Inv*
EVA	－0.041*** (－3.330)	－0.049*** (－8.430)
EVA×*Manager*	－0.056*** (－4.120)	－0.077*** (－6.890)
Manager	－0.107*** (－4.990)	－0.277*** (－6.730)

续表

Variable	Over - Inv	Under - Inv
Growth	0. 001 (0. 320)	-0. 010 ** (-2. 330)
Roa	0. 052 ** (2. 320)	0. 010 (0. 520)
Lev	-0. 014 (-1. 240)	0. 004 (0. 650)
Size	0. 001 ** (0. 390)	0. 001 ** (0. 980)
Div	-0. 055 *** (-3. 130)	0. 010 (1. 470)
Adm	0. 096 *** (5. 330)	-0. 508 *** (-4. 580)
Director	0. 020 * (1. 890)	0. 018 * (1. 790)
Compensation	-0. 057 ** (-3. 270)	6. 726 *** (3. 450)
Constant	-0. 420 (-1. 170)	0. 049 *** (8. 430)
Yearfixedeffects	Yes	Yes
Industryfixedeffects	Yes	Yes
N	769	1479
$Adj-R^2$	0. 061	0. 665

注：括号中为 t 值；***、**、* 分别代表在 1%、5% 和 10% 水平上显著。

4. 3. 6 稳健性检验

4. 3. 6. 1 经济增加值（EVA）指标敏感性测试

为了考察研究结论对经济增加值（EVA）指标的敏感性，本书重新定义了一个经济增加值（EVA）指标，以进行稳健性检验。

由于经济增加值（EVA）使用以会计账面价值为基础的 TC 进行计算，账面价值表现的是累积的历史成本，任意的会计分摊方式（如折旧与摊销）都会影响到历史成本。因此，经济增加值（EVA）的大小会受到会计政策的影响。然而，公司价值的增值却是客观存在的。由 MM 的资本结构理论可知，现金流和投资风险会影响公司的价值增值，即便选择的会计处理方式绝对公允，公司的价值增值也与会计政策的选择无关。源于公司无形资产的影响，账面价值与市场价值必然存在偏差。经济增加值（EVA）的计算结果在一定程度上有赖于账面价值所反映的历史投资，这难免导致经济增加值（EVA）在价值增值的度量上存在缺陷。

经济增加值（EVA）的创始者思图斯特找到了避开历史成本问题的方法，即根据经济增加值（EVA）每年的变动值 ΔEVA 作为度量经济增加值（EVA）的指标，而不是经济增加值（EVA）的绝对值。ΔEVA 等于本期经济增加值（EVA）与上期相比的增加值。经济增加值（EVA）体系是以经济业绩持续改善为核心的。如果管理层由于经济增加值（EVA）改善而得到奖励，那么赋予资产什么价值就变得无足轻重了［斯图尔特（Stewart，1994）］。李春瑜（2006）研究表明，ΔEVA 确实一定程度上解决了账面价值对价值增值衡量结果的负面影响，ΔEVA 在实践方面的适应性程度更强。

本书将经济增加值（EVA）每年的变化值 ΔEVA（记作 EVA_2）作为另一个经济增加值（EVA）指标，并与总资产相除予以标准化。通过手工计算得到 EVA_2 指标数据。用定义的指标 EVA_2，重新估计模型（4－2），所得结果报告如表 4－13 所示。

表 4－13　　　　经济增加值（EVA）指标敏感性测试

变量	(1)	(2)	(3)	(4)	(5)	(6)
	Over－Inv	*Over－Inv*	*Over－Inv*	*Under－Inv*	*Under－Inv*	*Under－Inv*
EVA_2	－0.364*** (－7.86)	－0.355*** (－4.60)	－0.351*** (－4.72)	－0.338*** (－8.85)	－0.332** (－7.73)	－0.323** (－7.59)
Growth		0.213*** (0.61)	0.112*** (0.65)		－0.130 (－2.21)	－0.023 (4.92)
Roa		0.011 (1.23)	0.012 (1.14)		－0.123** (－2.11)	－0.121*** (－2.14)
Lev		－0.497 (－0.42)	－0.374 (－0.33)		0.148 (2.51)	0.132* (2.42)
Size		0.333*** (1.42)	0.253*** (1.52)		－0.083 (4.91)	－0.105 (1.95)
Div		－0.024** (－0.96)	－0.013*** (－0.96)		0.045** (1.24)	0.028*** (1.04)
Adm		0.024*** (1.12)	0.013*** (1.33)		－1.197 (－1.04)	－1.030 (－0.94)
Director			－0.014*** (－1.11)			－0.143 (－0.56)
Compensation			－0.005 (－0.29)			－0.511 (－0.68)

续表

变量	(1)	(2)	(3)	(4)	(5)	(6)
	Over - Inv	*Over - Inv*	*Over - Inv*	*Under - Inv*	*Under - Inv*	*Under - Inv*
Constant	0.047 (0.57)	0.222*** (6.46)	1.210*** (6.99)	0.058 (0.79)	0.539*** (3.42)	0.588*** (3.67)
Yearfixedeffects	Yes	Yes	Yes	Yes	Yes	Yes
Industryfixedeffects	Yes	Yes	Yes	Yes	Yes	Yes
N	769	769	769	1479	1479	1479
adj - R^2	0.025	0.033	0.035	0.025	0.030	0.034

注：括号中为 t 值；***、**、* 代表在 1%、5% 和 10% 水平上显著。

由表 4 - 13 可见，当 Over - Inv 为因变量时，无论是否控制其他影响非效率投资的因素，EVA_2 均与非效率投资指标 Over - Inv 在 1% 水平上显著负相关。当 Under - Inv 作为非效率投资指标时，结论不变。这表明，本书的研究结论对经济增加值（EVA）指标选择不敏感。

4.3.6.2　分组回归

在主检验部分，本书对假设 H4 - 3、假设 H4 - 4 的检验采用交互项的方法，本书进一步使用分组回归的方法对上述假设进一步检验。回归模型的设定与模型 4 - 2 相同。按照国有企业负责人是否由国资委任免将样本分为两组，分别估计模型（4 - 2），表 4 - 14 报告了采用分组回归的方法对假设 H4 - 3、假设 H4 - 4 的检验结果。

表 4 - 14　　按 Manager 分组回归

变量	*Manager* = 1	*Manager* = 0	*Manager* = 1	*Manager* = 0
	(1)	(2)	(3)	(4)
	Over - Inv	*Over - Inv*	*Under - Inv*	*Under - Inv*
EVA	-0.204** (-2.23)	0.133 (8.37)	-0.110* (-4.65)	-0.799 (-0.81)
Growth	0.243*** (6.45)	4.973* (5.30)	-0.022 (1.07)	-0.001 (-0.01)
Roa	0.411** (3.10)	0.796 (1.08)	-0.076 (-1.41)	-0.360 (-1.02)
Lev	-2.554* (-2.32)	-0.534* (-3.37)	0.010 (0.49)	0.639 (0.11)

续表

变量	*Manager* = 1	*Manager* = 0	*Manager* = 1	*Manager* = 0
	(1)	(2)	(3)	(4)
	Over − Inv	*Over − Inv*	*Under − Inv*	*Under − Inv*
Size	0. 103 (1. 15)	0. 467 * (4. 59)	−0. 005 (−0. 23)	−0. 188 (−0. 37)
Div	−0. 009 (−0. 49)	−0. 055 * (−4. 32)	0. 018 (1. 04)	0. 031 (0. 29)
Adm	1. 170 *** (6. 73)	0. 448 * (4. 65)	−0. 046 (−0. 34)	−1. 199 (−1. 34)
Direpro	−3. 396 *** (4. 76)	−2. 970 (−13. 3)	−0. 107 (−1. 18)	−0. 628 (−0. 76)
Compensation	−0. 009 (−1. 03)	−0. 006 (−1. 11)	−0. 008 (−1. 50)	−0. 031 (−1. 31)
Constant	−2. 435 (−1. 05)	−8. 393 * (−4. 01)	0. 323 (0. 72)	−2. 792 (−0. 22)
Yearfixedeffects	Yes	Yes	Yes	Yes
Industryfixedeffects	Yes	Yes	Yes	Yes
N	769	769	1479	1479
$adj - R^2$	0. 054	0. 038	0. 038	0. 038

注：括号中为 t 值；***、**、* 代表在 1%、5% 和 10% 水平上显著。

可见，无论使用 Over − Inv 或者使用 Under − Inv 作为非效率投资指标，在国有企业负责人由国资委任免的一组（Manager = 1），经济增加值（EVA）指标 EVA 的系数显著为负；而在国有企业负责人由组织部门任免的一组（Manager = 0），当使用 Over − Inv 作为非效率投资指标时，经济增加值（EVA）指标 EVA 的系数为正，当使用 Under − Inv 作为非效率投资指标时，经济增加值（EVA）指标 EVA 系数虽然为负，但并不显著。这表明，当国有企业负责人由国资委任免时，经济增加值（EVA）与非效率投资之间的负相关关系更加显著，依旧支持了假设 H4 − 3 和假设 H4 − 4。

4. 3. 6. 3　实证结论

本书以 2010 ~ 2019 年国有企业控股上市公司为样本，研究了经济增加值业绩考核（EVA）与非效率投资的关系。研究发现：经济增加值（EVA）业绩考核与非效率投资存在显著的负相关关系；从整体上看 EVA 与非效率投资之间存在倒“U”型关系，适度的 EVA 能够最大化企业的投资效率，既可以降低投资不足，也可以抑制过度投资，从而实现全面提升企业的投资效率。然而，尽管

EVA 可以显著抑制非效率投资，但是本文进一步发现，EVA 的积极效应也存在适用空间，合理的 EVA 能够最大化降低非效率投资，但是也存在过犹不及。进一步分析表明，相对于组织部门任免的国有企业负责人，国资委任免的国有企业负责人更加重视经济增加值（EVA）考核。因此，在这部分国有企业控股的上市公司中，经济增加值（EVA）考核的治理作用更显著，它与过度投资和投资不足的负相关关系更强。在进行了一系列稳健性检验后，实证结论依旧成立。

4.4 本章小结

本书探讨的是本研究的第一个问题，即我国国有企业现行业绩考核体系的相关问题，分别采用规范研究、实地研究和实证研究的方法对上述问题进行探讨。

首先，规范研究部分，论述了国有企业业绩考核内容经历了实物产量考核、产值和利润指标考核、以投资报酬率为核心的财务指标考核、财务指标与非财务指标相结合的考核四个阶段。国资委对央属国企的业绩考核大致可以划为运用传统财务指标进行经营业绩考核、运用传统财务指标的同时导入经济增加值（EVA）指标测算（过渡阶段）和全面施行经济增加值（EVA）业绩考核阶段三个阶段。

其次，实地研究部分，通过对 10 家国企集团及其控股的 51 家上市公司采用现场访谈、电话访谈、线上访谈等方式的调研发现：国企及其控股上市公司确实按照国资委的要求执行 EVA 考核，其考核内容也遵照国资委出台的《中央企业负责人经营业绩考核办法》的规定执行。国有企业京能集团综合业绩考核的维度包括战略管理、发展创新、经营决策、风险控制、基础管理、人力资源、行业影响、社会贡献八个维度。

最后，实证研究部分，经济增加值（EVA）与非效率投资存在显著的负相关关系，从整体上看，EVA 与非效率投资之间存在倒 U 型关系，EVA 的积极效应存在适用空间，合理的 EVA 能够最大化降低非效率投资，但也存在过犹不及。进一步分析表明，相对于组织部门管理的国有企业负责人，国资委全权管理的国有企业负责人更加看重经济增加值（EVA）考核。因此，在这部分国有企业控股的上市公司中，经济增加值（EVA）考核的治理作用更显著，它与过度投资和投资不足的负相关关系更强。在进行了一系列稳健性检验后，该结论依旧成立。

本章的研究具有重要的理论创新和现实意义。在理论上，丰富和拓展了国有企业业绩考核方面的文献，以及经济增加值（EVA）业绩考核与非效率投资关系以及非效率投资方面的文献。在现实意义上，本章研究表明，国企控股上市公司基于经济增加值（EVA）的业绩考核能够有效抑制管理者的过度投资行为，同时能够在一定程度上抑制投资不足。经济增加值（EVA）业绩考核对非效率投资的治理作用具有一定的持续性，并且这种治理效果会受到国企负责人行政级别的影响。这对国资委未来进一步积极引导国企业绩考核，保证企业理性投资具有重要的参考价值。

第5章 基于生态文明建设的国有企业业绩考核研究

5.1 生态文明建设与国有企业业绩考核的规范研究

5.1.1 生态文明建设与业绩考核系统

环境业绩考核离不开标准和对应的指标，标准和指标的建立直接体现了环境业绩考核的内容，是环境业绩考核的重要工作，按指标反映的内容可分为过程指标、系统指标、生态财务指标；按指标是否可以用货币度量分为货币性指标（或财务指标）和非货币性指标（或非财务指标）；按指标本身计算的复杂程度可分为简单指标和复杂指标；按指标本身反映环境业绩的程度可分为单一指标和综合指标。由于环境问题的复杂性，建立单一指标往往难以全面反映企业的环境业绩，综合指标体系的建立有助于环境业绩考核工作。

目前，国际影响较大的环境业绩考核标准包括：国际标准化组织的ISO14031标准，世界可持续发展企业委员会（WBCSD）的以生态效益为核心的环境业绩考核标准，全球报告倡议组织的《可持续发展报告指南》。除了上述有比较大的影响力的考核指标外，部分研究还将环境指标纳入平衡计分卡（BSC），并和价值链理论进行结合研究。

5.1.1.1 ISO14031 环境评估系统

国际标准化组织于1999年11月完成ISO 14031环境业绩考核标准并正式公告。该标准实际上是对企业环境业绩进行测量与评估的一种系统化程序，而非具体的验证标准或绝对的环境业绩准则。在这个标准中，环境业绩评估指标（EPIS）被分成三类。

第一类是管理业绩指标（MPIS），它同下列的项目相关：一是企业内各阶层的政策、人员、措施、程序等；二是能提供并提升企业在“管理业务”方面的能力和努力。

第二类是操作业绩指标（OPIS），反映企业在操作环节方面的环境业绩，它和下列项目相关：一是企业经营运作过程中所输入的原料、能源和服务；二是硬件设施和设备的设计、安装、操作和维护作业等；三是企业经营运作所导致的产出。

第三类是环境状况指标（ECIS），包括空气、水、土地、动植物以及人类健康，等等。

5.1.1.2　世界可持续发展委员会（WBCSD）生态效益考核标准

2000 年，世界可持续发展委员会提出了全球第一套生态效益评估标准，根据该标准，生态效益是一个同时改善经济业绩与环境业绩的概念。也就是说，企业在创造经济价值的同时，兼顾了减少对生态环境的影响及资源的使用。WBCSD 将指标分为“核心指标”和“辅助指标”。“核心指标”通用于各行业，因此被称为通用指标；辅助指标是配合企业类别特殊性的指标，因此被称为特定指标。生态效益指标可表示为：

生态效益 = 产品或服务的价值/对环境的影响

这个指标要求在降低资源使用和对环境影响的同时实现产品或服务价值最大化。

5.1.1.3　GRI 全球环境报告指南

2000 年，GRI 全球环境报告指南由 GRI 首次发布，2002 年对该指南进行修订，2006 年 10 月发布第三版（简称“G3”）。可持续发展报告的核心是业绩指标，该指南建立的业绩指标体系包括经济、环境和社会三个方面，对每一方面都确定了核心指标和附加指标。核心指标针对大多数企业及其利益相关者，附加指标则要求报告单位只向重要的利益相关者提供相关信息。这些环境指标包括企业对生物多样性的影响、释放的“三废”情况、对有害材料的使用、产品回收、污染防治、减废和其他环境管理项目、环境费用、环境违规罚款和处罚等。

5.1.1.4　可持续平衡计分卡方法

20 世纪 90 年代哈佛商学院和诺朗诺顿研究所提出了平衡记分卡（BSC）理论。平衡计分卡是将企业及其内部各部门的任务和决策转化为多样的、相互联系的目标，然后将目标分解成多项指标的多元业绩考核系统。此理论认为，公司应从财务、顾客、企业内部流程、学习与成长四个角度审视自身。鉴于人们环保意识的不断提高，对企业实施绿色战略的要求不断高涨，必然要求将环境因素整合到可持续发展平衡计分卡中。企业在具体使用时可以依据实际情况采用“部分纳入法”和“添加法”。“部分纳入法”是将一些可持续性指标直接纳入传统的平衡计分卡。“添加法”是在传统的 BSC 基础上，增加第五个维度——环境和社会可持续性。

表 5－1 中对现行环境业绩考核系统和方法进行了比较。

表 5－1　　现行生态文明建设与业绩考核系统的比较

考核系统或方法	ISO14031 环境评估系统	WBCSD 生态效益考核标准	GRI 全球环境报告指南	可持续平衡计分卡方法
指标内容	组织周边的环境状态指标（ECIS）：提供组织周边的环境状况，反映组织对当地、区域性、全国性和全球性的环境状况的影响	核心指标（通用指标）：核心指标与全球的环境问题或企业的价值有关，几乎适用于所有企业，其计量方法已经得到公认，如销售净额、温室效应气体的排放量等	核心业绩指标：对于大多数组织及其利益相关者有关，共计 16 个	部分纳入法：将一些可持续性指标直接纳入传统的平衡计分卡
	组织内部的环境状态指标 EPIS：①管理业绩指标（MPIS）。评估组织的环境管理效能，它主要表现在环境守法、环境内部管理、外部沟通、安全卫生等方面②操作业绩指标（OPIS）。企业运作的整个操作过程，从资源能源输入、经内部生产工序转移变化到最终废弃物和污染物的排出	辅助指标（企业特定指标）：是不同性质的企业因产品和生产流程不同而存在不同的环境问题和价值；WBCSD 认为特定企业可利用 ISO14031 的指南协助选择具有参考价值的辅助指标	附加指标：要求报告单位只向重要的利益相关者提供相关信息。共计 19 个	添加法：在传统的 BSC 基础上，增加“环境和社会可持续性”维度

资料来源：笔者根据相关资料整理。

5.1.2　我国生态文明建设的源起和战略

5.1.2.1　我国生态文明建设的历史追溯

根据我国先秦时期的经典文献记载，中国人对生态的认识与分类的文献记载可以追溯到公元前 2000 多年的“禹铸九鼎”。基于对先秦时期的《山海经》《尚书·禹贡》《管子·地员》《周礼·天官》《荀子·王制》的相关内容进行考证发现，那时人们对生态的关注主要集中在对自然资源的核算以及环境责任的明确方面（杨世忠、方心童，2020）。

我国关于生态文明理论的研究起始于 1984 年，当时著名生态学家叶谦吉最早使用了“生态文明”的概念，他从生态学和生态哲学的视角界定生态文明，认为“生态文明是人类既获利于自然，又还利于自然，在改造自然的同时又保护自然，人与自然之间保持和谐统一的关系”。葛家澍、李若山（1992）将环境会计理论首次引入到我国。此后，学者们逐渐就该领域展开了研究，尤其是党的十七大以后，生态文明成为许多学科研究的热门课题。

2007 年，党的十七大报告①中创造性地提出建设生态文明的重大命题和战略任务，指出“建设生态文明，基本形成节约能源资源和保护生态环境的产业结构、增长方式、消费模式。循环经济形成较大规模，可再生能源比重显著上升。主要污染物排放得到有效控制，生态环境质量明显改善。生态文明观念在全社会牢固树立。”党的十八大②从新的历史起点出发，做出“大力推进生态文明建设”的战略决策，指出：“当前和今后一个时期，要重点抓好四个方面的工作：一是要优化国土空间开发格局；二是要全面促进资源节约；三是要加大自然生态系统和环境保护力度；四是要加强生态文明制度建设。”习近平在党的十九大报告③又进一步提出“推进绿色发展、着力解决突出环境问题、加大生态系统保护力度、改革生态环境监管体制”等新时期新实践要求。《2020 年政府工作报告》中再次明确“提高生态环境治理成效，促进生态文明建设”的发展目标。十九届五中全会更是将“生态文明建设实现新进步”作为“十四五”时期经济社会发展的主要目标之一。

5.1.2.2　习近平生态文明观

生态文明观是指对人与自然关系以及人类如何与自然相处的根本看法。近年来，习近平围绕这一问题做了诸多论述，形成了系统的生态文明观。其内容主要包括五大方面：一是在人与自然关系方面，习近平以辩证唯物主义思维，继承并深化了马克思主义生态观的内涵；二是在生态环境问题产生的根源方面，习近平以历史唯物主义思维，丰富并发展了马克思主义生态观的内容；三是在对保护生态环境的重大意义认识方面，习近平以与时俱进的科学思维，开辟了马克思主义生态观的新境界；四是在实现人与自然和谐的途径方面，习近平以

---

① 中国共产党第十七次全国代表大会，《高举中国特色社会主义伟大旗帜，为夺取全面建设小康社会新胜利而奋斗》，2007 年 10 月 15 日。

② 中国共产党第十八次全国代表大会，《坚定不移沿着中国特色社会主义道路前进，为全面建成小康社会而奋斗》，2012 年 11 月 8 日。

③ 中国共产党第十九次全国代表大会，《决胜全面建成小康社会，夺取新时代中国特色社会主义伟大胜利》，2017 年 10 月 18 日。

实践和创新的思维，创造性地把马克思主义生态观的精髓与中国特色社会主义实践相结合，把马克思主义生态观发展到了当代最高水平；五是在共谋全球生态文明建设方面，习近平以共产主义精神和国际主义思维，立时代之潮头，有思想之先声，首倡共建人类命运共同体。

习近平生态文明观，是一个完整的思想体系，是对马克思主义生态观的继承、发展和创新，是马克思主义中国化的最新理论成果，是中国特色社会主义理论的重要组成部分，是习近平新时代治国理政基本方略的核心内容之一，是我们保护生态环境，建设美丽中国的行动指南。

5.1.2.3 生态文明建设的“顶层设计”

在实践中，一系列文件的密集出台，描绘了中央关于生态文明建设的顶层设计图，生态文明建设顶层设计已经形成，即今后相当一段时期中央关于生态文明建设的长远部署和制度构架①。中共中央办公厅、国务院办公厅于2016年12月22日印发了《生态文明建设目标评价考核办法》（以下简称“办法”），该办法自2016年12月2日起施行。

1974年10月25日，国务院环境保护领导小组正式成立，标志着新中国历史上第一个环境保护机构的诞生。1982年3月，国务院环境保护领导小组办公室与国家建委、国家城建总局、建工总局、国家测绘总局合并组建城乡建设环境保护部，内设环境保护局。1984年5月，国务院做出了《关于加强环境保护工作的决定》，为加强部门协调，决定成立国务院环境保护委员会。1984年12月，城乡建设环境保护部下属的环境保护局改为国家环境保护局，作为国务院环境保护委员会的办事机构，负责全国环保的规划、协调、监督。目前而言，环保已成为全人类共同的目标。1973～2018年，国务院先后召开8次全国环境保护会议，为解决中国的环境问题做出了一系列重大的决策。

1973年8月5日至20日，由国务院委托国家计委在北京组织召开第一次全国环境保护会议，揭开了中国环境保护事业的序幕。会议通过了《关于保护和改善环境的若干规定》，确定了“全面规划、合理布局、综合利用、化害为利、依靠群众、大家动手、保护环境、造福人民”的“32字方针”，这是我国第一个关于环境保护的战略方针。

---

① 中共中央办公厅、国务院办公厅，《生态文明建设目标评价考核办法》，2016年12月2日；中共中央政治局会议，《关于加快推进生态文明建设的意见》，2015年3月24日；中共中央政治局会议，《生态文明体制改革总体方案》，2015年9月11日。

1983年12月31日~1984年1月7日，国务院组织召开的第二次全国环境保护会议，将环境保护确立为基本国策。制定经济建设、城乡建设和环境建设同步规划、同步实施、同步发展，实现经济效益、社会效益、环境效益相统一的指导方针，实行“预防为主，防治结合”“谁污染，谁治理”和“强化环境管理”三大政策。此外，初步规划出到20世纪末中国环境保护的主要指标、步骤和措施。会议具有鲜明中国特色，推进了我国环境保护事业发展。

1989年4月28日~5月1日，国务院组织召开第三次全国环境保护会议分析了当前的环境保护形势，总结了环境保护工作的经验，提出了新的五项制度，要求加强制度建设，以推动环境保护工作上一新的台阶。提出要深化环境监管，向环境污染宣战，促进经济与环境协调发展。

1996年7月，国务院组织召开第四次全国环境保护会议，提出保护环境是实施可持续发展战略的关键，保护环境就是保护生产力。国务院做出了《关于加强环境保护若干问题的决定》，明确了跨世纪环境保护工作的目标、任务和措施。这次会议确定了坚持污染防治和生态保护并重的方针，实施“污染物排放总量控制计划”和“跨世纪绿色工程规划”两大举措。全国开始展开了大规模的重点城市、流域、区域、海域的污染防治及生态建设和保护工程。环境保护工作进入崭新的阶段。

2002年1月8日，国务院组织召开第五次全国环境保护会议，提出环境保护是政府的一项重要职能，要按照社会主义市场经济的要求，动员全社会的力量做好环保工作。会议的主题是贯彻落实国务院批准的《国家环境保护“十五”计划》，部署“十五”期间的环境保护工作。

2006年4月17~18日，国务院组织召开第六次全国环境保护大会上，中共中央政治局常委、国务院总理温家宝发表重要讲话。他强调，保护环境关系到我国现代化建设的全局和长远发展，是造福当代、惠及子孙的事业。我们一定要充分认识我国环境形势的严峻性和复杂性，充分认识加强环境保护工作的重要性和紧迫性，把环境保护摆在更加重要的战略位置，以对国家、对民族、对子孙后代高度负责的精神，切实做好环境保护工作。

2011年12月20~21日，国务院组织召开第七次全国环境保护大会。12月20日，中共中央政治局常委、国务院副总理李克强出席第七次全国环境保护大会并讲话。他强调，环境是重要的发展资源，良好的环境本身就是稀缺资源，要坚持在发展中保护、在保护中发展，推动经济转型，提升生活质量，为经济长期平稳较快发展固本强基，为人民群众提供水、天蓝、地干净的宜居安康环境。

2018 年 5 月 18 日至 19 日，国务院组织召开第八次全国生态环境保护大会。会议提出，加大力度推进生态文明建设、解决生态环境问题，坚决打好污染防治攻坚战，推动中国生态文明建设迈上新台阶。中共中央总书记、国家主席、中央军委主席习近平在讲话中强调，生态文明建设是关系中华民族永续发展的根本大计。生态环境是关系党的使命宗旨的重大政治问题，也是关系民生的重大社会问题。

本书对我国环境保护问题的关注进程进行了梳理，如图 5－1 所示。

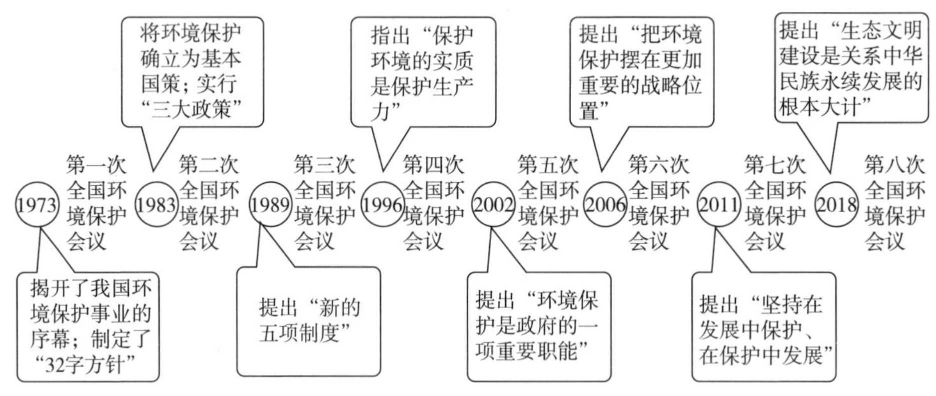

图 5－1　我国环境保护问题关注进程

资料来源：笔者自绘。

5.2　生态文明建设与国有企业业绩考核的实地研究

5.2.1　生态文明建设成果调研

5.2.1.1　广东省梅州市生态文明建设成果调研

广州能源所编制的自然资源资产负债表是梅州市生态文明先行示范工作重要基础和有力抓手。主要包括探索编制自然资源资产负债表、建立体现生态文明要求的干部考核体系以及建立推动生态文化融入客家文化的政策机制三方面内容，细化为优化国土空间开发格局、调整优化产业结构、加大生态建设和环境保护力度、推动绿色、节约、循环、低碳发展、建设宜居城乡、大力弘扬生态文化、创新机制体制、加强基础能力建设八大任务。目前，成果包括梅州市自然资源资产负债表编制成果总报告、林木资源资产负债表编制成果报告、水资源资产负债表编制成果报告、能源矿产资源资产负债表编制成果报告、大气资源资产负债表编制成果报告以及梅州市自然资源资产负债表工作报告。

本书对其重点成果自然资源资产负债核算和生态文明体制改革总体方案调研结果进行详细阐述。

（1）自然资源资产负债核算。广州能源所采用遥感分析的方法对梅州市自然资源整体情况进行采集。所用指标包括归一化植被指数（normalized difference vegetation Index，NDVI）和净初级生产力（net primary productivity，NPP）两个。其中，NDVI 是反映地表植被生长状态及植被覆盖度的最佳遥感参数，在区域生态环境考核中得到广泛应用；NPP 是由光合作用所产生的有机质总量中，扣除植物自养呼吸后的剩余部分，即植物体每年净增的干物质量，量纲为克/平方米·年。如果把生态系统和经济系统相类比的话，那么，GPP 是生态系统的年度“总产值”，NPP 是生态系统的年度“增加值”（相当于经济系统的 GDP），因此，NPP 比 GPP 更能真实反映地表生态质量。

梅州市自然资源资产负债表总体结构。“资产类”包括土地资源、水资源、林木资源和矿产资源等；“负债类”包括资源耗减、环境损害和生态破坏，反映自然资源资产的使用情况。在“资产负债差额”里，可以直观看到发展所付出的自然资源资产成本。重点核算土地、林木、水、矿产四种资源，并计入总量。可再生能源、大气环境作为探索，不计入总量对于资源类型的核算，按照不用资源类型，确定核算方法后，对各种资源的资产进行核算、对比。对于区县的核算，按照八区县对各类资源的资产进行汇总、对比分析各区县的特点。

（2）生态文明体制改革总体方案。广东省梅州市《生态文明体质改革总体方案》包含三方面重要内容。

第一，到 2020 年，构建起有自然资源资产产权制度、国土孔径开发保护制度、空间规划体系、资源总量管理和全面节约制度、资源有偿使用和生态补偿制度、环境治理体系、环境治理和生态保护市场体系、生态文明业绩评价考核和责任追究制度构成的完整的生态文明制度体系。

第二，完善生态补偿机制。探索建立多元化补偿机制，逐步增加对重点生态功能转移支付，完善生态保护成效与资金分配挂钩的激励约束机制，制定横向生态补偿机制办法，以地方补偿为主，中央财政给予支持，激励各地区开展生态补偿试点。

第三，树立山水林田湖是一个生命共同体的概念，按照生态系统的整体性、系统性及其内在规律，统筹考虑自然生态各要素，进行整体保护、系统修复、综合治理以增强生态系统循环能力，维护生态平衡。提出了“提高自然资源管理水平”“完善生态补偿机制体制”“建立自然资源离任审计考核体系”。

5.2.1.2 黑龙江农垦国有企业业绩考核内容

黑龙江垦区实行总局、分局、农场和集团总公司、分公司、子公司并行的管理体制。这种体制兼有政府和企业集团的双重职能，使其内部的企业和事业单位都归于农垦总局统一管理和控制，能够进行协调一致的决策和管理。

作为黑龙江省农业行业国有企业，黑龙江垦区企业执行国资委业绩考核办法规定，考核指标分为盈利能力状况、资产质量状况、债务风险状况、经营增长状况和其他补充资料五项。具体指标如表 5 -2 所示。

表 5 -2　黑龙江农垦企业业绩考核项目

项目	指标
盈利能力状况	净资产收益率（%）
	总资产报酬率（%）
	主营业务利润率（%）
	盈余现金保障倍数（%）
	成本费用利润率（%）
	资本收益率（%）
资产质量状况	总资产周转率（次）
	应收账款周转率（次）
	不良资产比率（%）
	流动资产周转率（次）
	资产现金回收率（%）
债务风险状况	资产负债率（%）
	已获利息倍数
	速动比率（%）
	现金流动负债比率（%）
	带息负债比率（%）
	或有负债比率（%）

续表

项目	指标
经营增长状况	销售（营业）增长率（%）
	资本保值增值率（%）
	销售（营业）利润增长率（%）
	总资产增长率（%）
	技术投入比率（%）
其他补充资料	存货周转率（次）
	三年销售平均增长率（%）
	成本费用占主营业务收入的比率（%）
	期间费用占主营业务收入的比率（%）
	经济增加值率（%）
	EBITDA 率（%）

资料来源：笔者根据相关资料整理。

此外，通过对黑龙江农垦国有企业分公司财务人员的调研发现，目前企业集团对分、子公司的业绩考核指标主要为利润总额，以及对企业规定执行情况的评分等内容。

5.2.2　我国生态文明建设实践

5.2.2.1　广东省惠州市生态文明建设实践成效

为贯彻落实党中央、国务院关于加快推进生态文明建设的决策部署，环保部部大力推进生态文明示范建设，全国各地积极创建国家生态文明建设示范市县。经审核，截至 2017 年，共有 46 个市县达到考核要求，被环保部授予第一批国家生态文明建设示范市县称号。本书以广东省惠州市为例，阐述我国生态文明建设的实践进展。

惠州市一直坚持绿色发展理念，守住“生态红线”，否决了一大批不符合环保要求的项目。在 2016 年和 2018 年发布的《广东绿色发展指数考核研究报告》和《基于区域发展阶段特征的广东绿色发展考核研究报告》（以下简称《报告》）中，惠州市在广东省 21 个地级以上市的绿色发展指数考核得分位居首位。

（1）惠州市生态文明建设实践的亮点。第一，守住“生态红线”，形成绿色发展态势。《报告》从资源节约和环境友好两大维度，遴选了单位 GDP 能耗等12个指标构建考核指标体系，对广东省21个地级以上市进行了绿色发展指数化考核。《报告》显示，惠州市、深圳市、中山市、东莞市、广州市5市位居基于区域发展阶段特征的绿色发展指数考核得分前5位，得分（以千分制计）位于749~827分；湛江市、珠海市、汕尾市、佛山市、汕头市5个城市分别位居第6~10位。从分指标看，绿色发展指数排名较高的地市在各指标上表现出较好的均衡性。从区域发展水平看，高收入水平地区总体上绿色发展水平相对较高，较低收入水平地区也能实现较高绿色发展水平。分区域看，珠三角9市绿色发展指数考核平均得分位居各区域之首，其次是粤西和粤东，粤北地区暂居最后。绿色发展在本质上是一种资源节约与环境友好的发展方式，绿色发展考核的目的在于揭示一个地区环境与发展的协调程度，反映先发地区以最小资源环境代价获取经济增长的水平，以及后发地区避免重蹈“先污染后治理”覆辙的努力程度。

这份报告并非单纯“一刀切”地在同一时点、用同一标准对处在不同发展阶段地区的绿色业绩进行考核。实际上，一个地区的经济发展水平与环境污染程度之间，往往呈现倒“U”型曲线关系。即发展水平较低时环境污染程度较轻，随后环境恶化随着经济增长而加剧，当发展到一定水平后达到某个临界点，污染开始由高趋低，环境得到改善——这一现象被环境经济学家总结为环境库兹涅茨曲线理论。利用这样的理论分析框架，《报告》充分体现区域间发展的阶段差异性，将地区发展的阶段性特征纳入绿色发展的考核范畴，力图使考核结果更加客观、公正。

当前，正在大力发展电子信息、石化、汽车与装备制造、清洁能源和一批战略性新兴产业的惠州市，能够排在全省绿色发展指数的前列，得益于这些年该市在构建现代产业体系的过程中，在绿色发展之路上不懈的努力。实际上，惠州市一直坚持绿色发展的理念——在发展大工业、大石化的同时，守住“生态红线”的准入门槛，否决了一大批不符合环保要求的项目；推进生态文明建设城乡一体化，每年投入20亿元种树、20亿元治水，不断让山“增绿”，让水“更清”；开展自然资源负债表编制工作，全面摸清全市生态环境底数，建立全市的“绿色账本”等。

第二，规划先行、通过重大活动等方式，形成绿色发展态势。例如，将生态文明理念融入各项规划制度中，在全国率先制定低碳生态规划，把生态文明建设贯穿到经济社会发展、城市建设、产业布局、土地利用等规划编制中，以

"多规合一"构建绿色发展新格局。2017年12月初，中国生态文明论坛年会在惠州举行。而此前，惠州市先后入选国家级海洋生态文明建设示范区、国家生态文明建设示范市等。类似这样的"国字号"生态创建活动，成为惠州市生态文明建设的抓手。在实践中，该市污染治理与生态优化并举，城市扮靓与乡村美化并重，不断提升全市的污染防治能力。

（2）突出"五个管控"，全方位开展生态建设与环境保护。惠州市是"国家生态文明建设示范市"，在珠三角乃至粤港澳大湾区城市群中，还要继续擦亮这块"金字招牌"，突出生态担当。"惠州市要为粤港澳大湾区的生态环境品质提供重要支撑，并继续在绿色发展和生态文明建设中贡献出'惠州智慧'。"

虽然绿色发展已经成为惠州市的共识，并在实践中增强了城市发展的底色，但在生态文明建设之路上依然有巨大完善空间。2017年底，一份名为《以绿色化开辟生态文明建设新境界——惠州生态文明建设的实践与启示》的课题研究报告在阐述惠州市绿色发展和生态文明建设实践的同时，也认为，未来惠州市还应该更加突出对系统、空间、制度、质量、底线的管控，实现生态文明建设更加均衡和更加充分的发展。

系统管控方面，应进一步理顺生态文明建设的体制机制，建立健全城乡融合发展体制机制和政策体系，以及有利于系统治理的政府管理体制和运作机制。

空间管控方面，统筹安排生产、生活和生态空间，强化对空间规划的宏观配置和统一界定，综合确定保护空间规划的范围，并建设全市统一的规划管理信息系统和空间规划数据库。

制度管控方面，近年来，惠州市抓住"关键少数"与动员"绝大多数"相结合，把绿色发展融入干部业绩考核。同时，以获批地方立法权为契机，为"一座城（国家历史文化名城）、一座山（罗浮山）、一条江（西枝江）、一个湖（惠州西湖）"进行立法。因此，惠州市要继续用好生态立法这把"利剑"，突出制度管控，建设完善的制度体系，用制度保护生态环境。

质量管控方面，关键在于在生态文明建设与环境保护目标导向上实现由"数字达标"向"感受改善"的转变——即把市民的感受作为检验生态文明建设成效的标尺。同时，将大气、水、土壤等相关指标纳入约束性控制，并依此形成更加精细化的生态管理政策体系。

底线管控方面，则是基于底线思维逐步建立和完善"四线一单"（生态保护红线、环境质量安全底线、自然资源利用上线、城镇开发边界线及环境准入负面清单)，全方位、全地域、全过程开展生态建设与环境保护。

5.2.2.2 山东省生态文明建设实践

为重点关注贯彻落实中共中央和山东省关于生态文明建设的重大决策部署情况，山东省启动了2018年省管干部自然资源资产审计，共审计24名市、县（市、区）党委政府主要领导干部，涉及5个市、17县（市、区）。

山东省审计厅组织全省审计机关，启动105个领导干部自然资源资产离任审计试点项目，涉及市、县、乡三级党委和政府主要领导干部。审计将结合各地资源禀赋特点，围绕主要自然资源和生态环境重要方面，以领导干部任职前后所在地区重点自然资源资产实物量及生态环境质量状况变化为基础，以其任职期间履行资源管理和生态保护责任为主线进行审计。

审计重点关注贯彻落实中共中央和山东省关于生态文明建设的重大决策部署情况，检查推进、国有林场、生态环境损害责任追究制等生态文明体制改革任务落地、实施情况，揭示贯彻落实不到位、体制机制不健全、单位和个人不作为等突出问题；检查煤炭、钢铁等行业淘汰落后和化解过剩产能任务完成情况，揭示去产能弄虚作假、过剩产能死灰复燃、违规审批落后产能等问题。

同时，重点关注遵守资源管理和生态保护法律法规情况，检查执行建设用地总量控制、最严格水资源管理、森林覆盖率、能耗总量与强度控制、围填海总量控制、生态保护红线和永久基本农田划定等情况，揭示领导干部履职不到位造成森林、湖泊、海洋等资源损毁严重，大气、水、土壤等环境污染问题以及不顾资源环境承载能力盲目决策等行为。

资源管理和生态保护目标完成情况也被列入关注重点，将检查上级确定的资源利用和环境质量等方面约束性指标、生态文明建设考核目标或绿色发展指标完成情况；检查大气污染、水污染、土壤污染防治行动计划等专项计划完成情况，危险废物处置利用率、生活垃圾无害化处理率、污水集中处理率、自然岸线保有率等指标完成情况。

此外，审计重点关注履行资源管理和生态保护监督责任履职尽责情况，检查党委、政府及部门对问题处理不到位、风险隐患预警机制不健全、预防措施不到位、应急处置能力不足等情况，揭示河流断面水质超标、空气质量超标、违规占地、私采滥伐林木等问题；检查城镇集中式饮用水源地保护、农村饮水安全工程建设、城市重金属污染严重的“毒地块”摸底调查与治理、居民二次供水设施的管护与安全运行、危险废弃物和医疗废弃物的转运与处置和黑臭水体治理等情况。

资源开发利用和生态保护相关资金及项目管理情况也是关注重点，揭示资金使用管理中的违法违规、资金浪费等问题，以及项目建设、运行、管护中的违法违规、效果不佳等问题；检查天然林保护、土地整治、工业企业结构调整、废弃物与化学品、重金属污染防治等资金，以及重大生态保护修复、农村环境治理、资源循环利用、生活垃圾处置等项目情况。

考虑到资源环境问题的复杂性，审计机关将客观审慎地作出审计考核，总体考核分为“好”“较好”“一般”“较差”“差”五级标准。

5.3　生态文明建设与国有企业业绩考核的案例研究

2010年伊始，国务院国资委在中央企业及其控股上市公司全面施行经济增加值（economic value added，EVA）考核，地方国资委，例如北京市、山东省、辽宁省、湖南省和湖北省等也陆续展开经济增加值考核工作，标志着国有企业已进入到经济增加值价值管理阶段。与此同时，在大力推进生态文明建设战略决策背景下，作为国民经济发展的重要基本单元，国有企业的价值创造目标应明确为发展经济的同时保护生态。换言之，经济与生态并重应成为考核国有企业价值创造能力的标准和内容。然而，一般的经济增加值模型没有综合考虑企业经营活动对生态环境的影响，不仅无法从长远战略角度考核企业价值创造和管理能力，而且不利于生态文明建设战略的贯彻实施。绿色经济增加值（green economic value added，GEVA）综合考虑了企业的生态收益和成本，是在一般经济增加值模型的基础上，综合考核企业经营管理对环境造成影响后的剩余收益。因此，将绿色经济增加值应用于国有企业价值管理，不仅可以权衡经济利润与生态效率之间的关系，而且能够促进国有企业绿色、高质量发展。

国外学者对于生态文明与会计的研究起步较早，并取得了丰硕的成果。国内学者对生态文明与会计相关问题的探讨主要集中在自然资源核算和自然资源资产离任审计等问题。徐志耀、陈骏（2020）认为，领导干部自然资源资产离任审计能有效弥补中国生态文明制度体系的监督短板。杨世忠、方心童（2020）发现，根据中国先秦时期的经典文献记载，对自然资源的核算和环境责任的明确可以追溯到夏代。黄溶冰等（2019）认为，作为加强生态文明建设的制度创新，自然资源资产离任审计是对领导干部受托环境责任的绩效考核。

研究发现，在审计试点中，地方政府可能采取“和谐锦标赛”或“环保资格赛”两种相异的应对策略。周守华等（2018）提出，从生态文明建设的角度看，会计应该全面地反映生态环境资源投入，合理确定企业的利益相关者财富。耿建新、唐洁珑（2016）认为，可将自然资源资产负债表正名为自然资源资产平衡表，使其既符合与国际接轨的需要，也符合表格编制的实质。葛家澍、李若山（1992）认为，若要会计更好地为经济管理服务，环境所带来的经济问题是一个必须考虑的因素。由此可见，国内学者尚未关注到生态文明建设战略的提出对国有企业价值创造能力度量和管埋能力考核的影响等。

随着生态文明建设战略的推进和绿色发展理念的不断深入，一些学者开始尝试从可持续发展目标出发，关注绿色经济增加值在企业经营管理中的应用。杨婷蓉、丁慧平（2017）认为，绿色经济增加值指标具有可操作性和适用性，可以对高能耗、高污染行业的国有企业试行绿色经济增加值考核。闫华红等（2016）认为，通过引入绿色经济增加值，可以考核企业碳排放下的绩效。上述研究成果都表明，通过对传统经济增加值指标进行相应调整后得到的绿色经济增加值指标同样适用于国有企业，但绿色经济增加值在中国的探讨与应用尚处于初始阶段，仍需要大量的研究对已有文献进行丰富。因此，本书将从生态文明视角分析中国国有企业基于绿色经济增加值的价值创造能力和管理能力。生态文明建设战略的正式提出始于2013年，考虑到数据的可得性和样本的代表性，本书选用2014~2018年鞍钢股份（000898）（即鞍钢股份有限公司）的数据作为研究样本，构建和选取适用于中国国有企业的绿色经济增加值价值创造模型、考核指标和管理能力考核内容，并对样本企业的价值创造能力和管理能力进行分析与考核，就生态文明建设中如何提高国有企业价值创造能力和管理能力提出相应的政策建议。

5.3.1 生态文明视域下国有企业价值创造能力的度量

5.3.1.1 国有企业价值创造的一般模型

根据国务院国资委《中央企业负责人经营业绩考核办法》，即国务院国有资产监督管理委员会令第40号[①]，国有企业经济增加值（EVA）的公式如下：

$$EVA = NOPAT - WACC = NOPAT - COC \times K \qquad \text{式（5-1）}$$

① 截至本书研究期间（2020年1月）《中央企业负责人经营业绩考核办法》国务院国有资产监督管理委员会令第40号为国资委公布的最新考核办法。

（1）K（资本成本率）的确定。资本成本率原则上定为5.5%，承担国家政策性任务较重且资产通用性较差的企业，资本成本率定为4.1%，资产负债率在75%以上的工业企业和80%以上的非工业企业，资本成本率上浮0.5个百分点。资本成本率确定后，三年保持不变。

（2）COC（调整后资本）的计算。

调整后资本 = 平均所有者权益 + 平均负债合计 – 平均无息流动负债 – 平均在建工程 式（5–2）

式中，无息流动负债指企业财务报表中应付票据、应付账款、预收款项、应交税费、应付利息、应付职工薪酬、应付股利、其他应付款和其他流动负债（不含其他带息流动负债）；对于专项应付款和特种储备基金，可视同无息流动负债扣除。在建工程是指企业财务报表中的符合主业规定的“在建工程”。

（3）NOPAT（税后净营业利润）的计算。

税后净营业利润 = 净利润 + （利息支出 + 研究开发费用调整项）× （1 – 25%） 式（5–3）

（4）WACC（资本成本）的确定。资本成本既包括债务资本的成本，也包括股本资本的成本。

5.3.1.2 生态文明视域下的国有企业价值创造模型与考核指标

（1）经济增加值（EVA）计算的会计调整

国有企业是国家设立的“特殊企业”，对于国有企业价值创造能力的考核包含双重标准。一方面，国有企业作为营利性组织，要考核其经营效率的高低，即是亏损还是盈利，是否具有市场竞争力等；另一方面，作为“特殊企业”，必须考核其是否体现了国家意志和人民的整体利益要求。“生态文明建设”是中国特色社会主义事业“五位一体”总体布局的重要方面。在生态文明建设的国家宏观层面，习近平指出，“要正确处理好经济发展同生态环境保护的关系，牢固树立保护生态环境就是保护生产力、改善生态环境就是发展生产力的理念”①。在生态文明建设的企业微观层面，本书认为，应正确处理生态效率和经营效率的关系，要把资源消耗、环境损害、生态效益等体现生态文明建设状况的因素纳入国有企业现有价值创造考核模型，建立体现生态文明建设要求的国有企业价值创造考核体系。

① 习近平总书记在主持十八届中央政治局第六次集体学习时的讲话要点，2013年5月24日。

国有企业与一般企业存在以上区别，因此，为了结合其特殊性，本书对经济增加值（EVA）的一般模型进行相应的会计调整，得到适用于生态文明视域下的国有企业的价值创造模型。本书借鉴杨婷蓉和丁慧平（2017）的做法，具体调整如下：

$$\text{调整值}\quad (AV) = ECEC \times (1 - TR) + CCEC \times K \qquad \text{式（5-4）}$$

式中，ECEC（expensed contribution to environmental costs）表示费用化的贡献环保成本，CCEC（capitalized contribution to environmental costs）表示资本化的贡献环保成本，TR（tax rate）表示所得税率，K 表示资本成本率。

（2）企业环保指标的度量。企业环保效果（environmental effect，EE）的度量。本书采用沃尔比重评分法计算企业环保效果。首先，选择考核指标并分配指标权重。其次，确定各项考核指标的标准值。一般可以按照行业平均数、企业历史先进值、国家要求投入（即国家的环保要求基准值）或国际公认数等加以确定。再次，确定各项考核指标的实际值。最后，形成考核结果。在考核时，当实际值 > 标准值为理想时，计算公式为：

$$\text{实际得分} = \text{各项指标权重} \times \text{实际值}/\text{标准值} \qquad \text{式（5-5）}$$

当实际值 < 标准值为理想时，计算公式为：

$$\text{关系比率} = 1 + (\text{标准值} - \text{实际值})/\text{标准值} \qquad \text{式（5-6）}$$

贡献环保成本的度量。结合企业的实际环保投入，计算出贡献环保成本，这里包括资本化的贡献环保成本和费用化的贡献环保成本。其中，资本化的贡献环保成本通过扩大资本占用比例调整经济增加值（EVA），费用贡献环保成本通过 NOPAT 调整经济增加值（EVA）。此外，资本化环保投入形成的固定资产所产生的折旧也作为费用化的贡献环保成本调整经济增加值（EVA）。贡献环保成本权重为基准值与环保效果得分之差。

由式（5-4）可知，当 AV 大于 0 时，调增经济增加值（EVA）；反之，当 AV 小于 0 时，调减经济增加值（EVA）。

（3）生态文明视域下的国有企业价值创造绝对指标。经济增加值（EVA）更多的是从管理角度构造的，它明显地以“股东财富最大化”经营目标为前提。虽然上述传统的公司经营目标无可非议，但从目前我国经济发展的全局出发，他们为全社会创造了多大的生态效率是需要关注的重要问题。然而，单纯的经济增加值（EVA）仅仅是经营绩效的定位指标，反映了国有企业在何种程度上完成股东财富最大化目标，却无法恰当的度量国有企业的生态绩效。本书采用差额调整法，在经济增加值（EVA）价值创造一般模型的基础上，加上或减去调整项，得出适用于国有企业生态文明考核的绿色经济增加值（added value of green economy，GEVA）价值创造模型。绿色经济增加值（GEVA）可作为国有企业整个价值创造能力考核体系的顶层目标和最终考核标准。

具体内容如下：

$$GEVA = EVA + AV = EVA + ECEC \times (1 - TR) + CCEC \times K = NOPAT - WACC + AV = NOPAT - COC \times K + ECEC \times (1 - TR) + CCEC \times K = NOPAT + ECEC \times (1 - TR) - (COC - CCEC) \times K \quad \text{式 (5-7)}$$

（4）生态文明视域下的国有企业价值创造相对指标。绿色经济增加值（GEVA）是一个绝对数指标，不利于不同规模企业间的横向比较。在企业资产规模未发生变化的情况下，该指标能够反映企业不同时期的创值能力。但是，对于资产规模不相同的企业或同一企业资产规模发生变动的情况下，它无法进行比较。

因此，本书采用绿色经济增加值（GEVA）回报率指标对不同规模的企业以及同一企业不同时期进行横向和纵向比较。绿色经济增加值（GEVA）回报率的计算公式如下：

$$RGEVA = GEVA/TC \quad \text{式 (5-8)}$$

式中，TC 表示企业的资产规模。

5.3.1.3　生态文明视域下的国有企业管理能力考核

除了上述量化指标，本书还选取了表 5-3 中的质化指标，着重对国有企业生态文明建设制度设计和执行情况进行考核，通过分析当年企业生态文明制度设计和实施情况，对企业管理能力进行分析、考核。考核结果分为五个等级，0~59分为 E 级，60~70 分为 D 级，71~80 分为 C 级，81~90 分为 B 级，91~100 分为 A 级。具体标准如表 5-3 所示。

表 5-3　　生态文明视域下的国有企业管理能力考核

序号	基本标准	单项分值	满分	备注
1	制定环保制度	10 分	20 分	未经审议、颁布实施扣 5 分
	通过审议、颁布实施	10 分		

续表

<table>
<tr><th>序号</th><th>基本标准</th><th>单项分值</th><th>满分</th><th>备注</th></tr>
<tr><td rowspan="4">2</td><td>有独立的环保部门</td><td>5 分</td><td rowspan="4">20 分</td><td rowspan="4">四个条件，按每个条件后面的数值赋分。达到满分，否则 0 分</td></tr>
<tr><td>有专职的环境保护工作人员</td><td>5 分</td></tr>
<tr><td>环境保护工作纳入绩效考核内容</td><td>5 分</td></tr>
<tr><td>建立相应的考核机制</td><td>5 分</td></tr>
<tr><td>3</td><td>国家有关环境保护法律、法规、制度及地方颁布的各项环保规定、制度得到有效的贯彻执行</td><td>\</td><td>20 分</td><td>发现有一条执行不力，扣 4 分，扣完为止</td></tr>
<tr><td rowspan="2">4</td><td>污染防治、生态保护与建设卓有成效</td><td>10 分</td><td rowspan="2">20 分</td><td rowspan="2">两个条件，按每个条件后面的数值赋分。达到满分，否则 0 分</td></tr>
<tr><td>三年内无重大环境污染和生态破坏事件</td><td>10 分</td></tr>
<tr><td>5</td><td>资源利用科学、合理，未对所在区域（或流域）内社会、经济的发展产生重大生态环境影响</td><td>\</td><td>20 分</td><td>发现有重大不利生态环境影响的资源利用行为或项目，不得分</td></tr>
</table>

5.3.2 生态文明视域下国有企业价值创造能力分析

5.3.2.1 样本选取

本书选取鞍钢股份（000898）（即鞍钢股份有限公司）为研究样本，样本选取的原因如下：

第一，从现行《中央企业负责人经营业绩考核办法》本身看，明确规定将国有资本控股公司纳入被考核范围。在我国，大型国有集团控股公司属于国有资本控股公司范畴 。因此，从考核办法本身的适用范围看，中央企业作为大型国有集团，其控股的上市公司也在被考核范围内。

第二，鞍钢股份为鞍山钢铁集团公司（中央企业）控股的 A 股上市公司，控股比例为 53. 33% 。从企业集团和控股上市公司的关系看，尽管中央企业控股上市公司均为独立的法人实体，但事实上，由于企业集团掌握了上市公司的控股权，上市公司的重大决策或重大人事安排，基本上由企业集团决定。中央企业控股上市公司的行为势必体现企业集团的意志，上市公司的行为受企业集团的规范。因此，从企业集团和控股上市公司的关系看，中央企业控股上市公司将不可避免的接受集团总部的考核。

第三，鞍钢股份所处的钢铁行业属于高耗能、高污染行业，鞍钢股份作为国内大型钢铁生产企业，其面临的资源消耗、污染等环境问题更突出。因此，本书的样本选取具有一定的代表性。

5.3.2.2 数据来源

本书的样本数据主要包括四方面：经济增加值（EVA）指标数据，绿色经济增加值（GEVA）和绿色经济增加值回报率（RGEVA）数据，企业环保数据和上市公司财务数据。

本书所用年度经济增加值（EVA）数据来自国泰安 CSMAR 金融数据库；所用绿色经济增加值（GEVA）和绿色经济增加值回报率（RGEVA）数据通过前文构建模型手动计算得到，计算所需财务数据来自国泰安 CSMAR 金融数据库、锐思 RESSET 数据库以及上市公司年报数据；所用企业环保效果数据采用沃尔比重评分法手工计算得到；所用企业环保标准值数据来自我国钢铁行业清洁生产标准（2014）。其中，生产过程清洁水平按照国际清洁生产先进水平、国内清洁生产先进水平、国内清洁生产基本水平共三级技术指标，本书选用一级指标作为标准值。吨钢综合耗能、吨钢新水数据来自企业社会责任报告；吨钢 SO_2 排放量、吨钢 COD 排放量、吨钢粉尘排放量根据企业社会责任报告披露数据手工计算得到。

5.3.2.3 主要变量定义

如前文所述，本书的主要变量定义如表 5 -4 所示。

表 5 -4　主要变量的定义

变量符号	变量含义	度量方法
EVA	年度经济增加值	按照《中央企业负责人经营业绩考核办法》国务院国有资产监督管理委员会令第 40 号中的规定计算
EE	企业环保效果	采用沃尔比重评分法计算得到
AV	经济增加值调整项	对经济增加值价值创造一般模型进行相应的会计调整得到
GEVA	年度绿色经济增加值	采用差额调整法，在经济增加值价值创造一般模型的基础上，加上或减去调整项计算得到
RGEVA	年度绿色经济增加值回报率	绿色经济增加值与企业规模的比值

本书选用绿色经济增加值（GEVA）绝对指标度量国有企业价值创造能力。为了消除资产规模的影响以及比较分析等需要，本书用绿色经济增加值回报率（RGEVA）这个相对指标进一步度量国有企业创造价值的能力。

5.3.2.4 创值能力与管理能力分析

（1）创值能力分析。

通过表5-5可知，鞍钢股份2014~2018年各项环保指标（EE）得分均高于基准值1（100%），因此，从环境保护方面看，鞍钢股份处于国内钢铁行业先进水平。

表5-5　鞍钢股份2014~2018年环保效果（EE）得分表　单位:%

指标	得分				
	2014年	2015年	2016年	2017年	2018年
吨钢 SO_2 排放量（千克/吨·钢）	39.75	39.75	39.75	39.75	39.75
吨钢COD排放量（千克/吨·钢）	36.67	36.67	36.67	36.67	36.67
吨钢新水（米/吨）	17.43	19.54	21.60	24.40	26.86
吨钢烟粉尘排放量（千克/吨·钢）	39.67	39.67	39.67	39.67	39.67
吨钢综合耗能（千克标准煤/吨）	23.89	23.90	24.06	24.01	24.17
合计	157.41	159.53	161.75	164.50	167.12

通过表5-6可知，样本期间前三年（2014~2016年）鞍钢股份绿色经济增加值（GEVA）值均为负，2017年、2018两年增加为正值，其中，绿色经济增加值（GEVA）最大值为2018年的5 087 725千元，最小值为2015年的-6 559 799千元。虽然年份绿色经济增加值（GEVA）值间存在一定波动，但基本维持在相对上升的水平，说明在本书样本期间，鞍钢股份价值创造能力整体提升。与此同时，样本期间前三年（2014~2016年）鞍钢股份的绿色经济增加值回报率（RGEVA）均为负值，2017年、2018两年增加为正值，其中，绿色经济增加值回报率（RGEVA）最大值为2018年的5.65%，最小值为2015年的-7.40%。由此可见，鞍钢股份在2014~2018年的绿色经济增加值回报率（RGEVA）水平不高且波动较大。

表5-6　鞍钢股份2014~2018年价值创造能力绿色经济增加值（GEVA）指标分析

	2014年	2015年	2016年	2017年	2018年
EE（%）	157.41	159.53	161.75	164.50	167.12

续表

	2014年	2015年	2016年	2017年	2018年
AV（千元）	288 772	567 916	148 200	70 305	73 832
EVA（千元）	-1 420 418	-7 127 715	-1 036 625	2 728 200	5 013 893
GEVA（千元）	-1 131 645	-6 559 799	-888 425	2 798 505	5 087 725
TC（千元）	91 291 000	88 596 000	88 089 000	89 204 000	90 024 000
RGEVA（%）	-1.24	-7.40	-1.01	3.14	5.65

结合图5-2可知，鞍钢股份绿色经济增加值（GEVA）指标在2014~2016年存在较大波动，其中，2014~2016年均为负值。从财务报表上可以看到，鞍钢股份2014年和2016年的净利润均为正值，然而其经济增加值（EVA）和绿色经济增加值（GEVA）均为负，即使利润为正，也只能说明是“虚盈实亏”，实际上并未为股东创造价值，同时绿色经济增加值（GEVA）创值能力也较薄弱。2015年，鞍钢股份的净利润为-453 000千元，这很可能是导致其绿色经济增加值（GEVA）为负并出现骤降的原因。2016年以后，绿色经济增加值（GEVA）呈现出逐年增加的趋势，其中，2017年和2018年的绿色经济增加值（GEVA）为正值，说明其在2017~2018年是创造价值的，且绿色经济增加值（GEVA）逐年上升，说明其创值能力的不断提升，该值在2018年达到最高，可能源于生态文明建设战略推动的影响力。

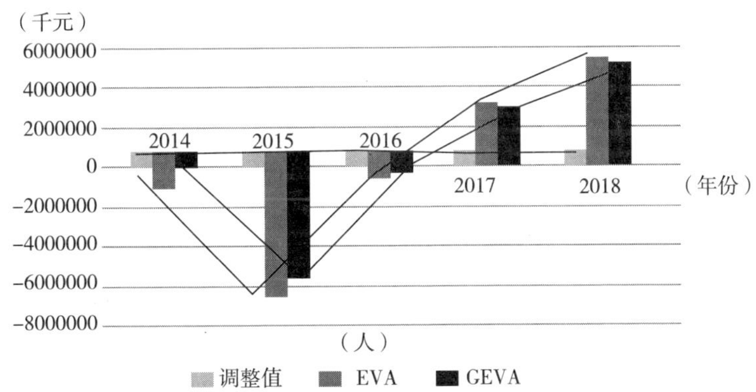

图5-2　鞍钢股份2014~2018年绿色经济增加值（GEVA）价值创造能力绝对指标趋势

结合图5-3可知，鞍钢股份样本期间的环保得分（EE）均为正，并维持在较稳定的水平，且呈现逐年上升的趋势。绿色经济增加值回报率（RGEVA）指标趋势与绿色经济增加值（GEVA）相同，呈现出两端上行，中间骤降的“V”型波动，说明其有不断提升创造价值的能力。在样本期间，绿色经济增加值回报率（RGEVA）指标波动较大，其中，2014～2016 年为负值，分别为 -1.24%、-7.40%、-1.01%。2017～2018 年绿色经济增加值回报率（RGEVA）维持在较稳定的水平，分别为 3.14% 和 5.65%，均为正值，且呈现逐年增加趋势明显，说明该企业在这两年是创造价值的，并且创值能力逐年提升。

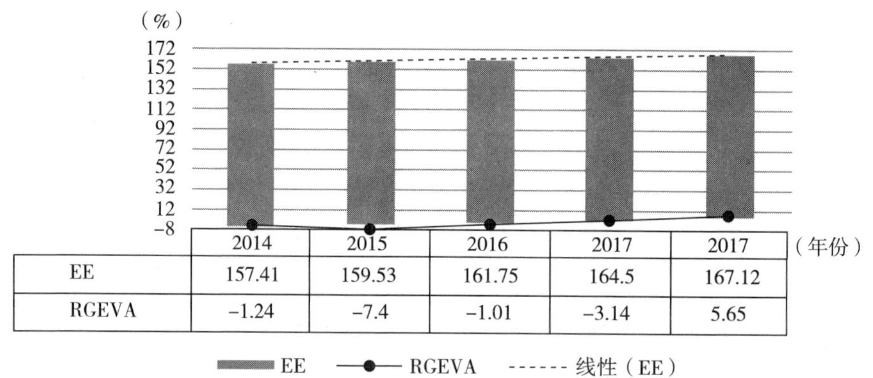

图 5-3　鞍钢股份 2014～2018 年绿色经济增加值回报率（RGEVA）价值创造能力相对指标趋势

（2）管理能力分析。如表 5-7 所示，除采用绿色经济增加值（GEVA）价值创造能力绝对指标和绿色经济增加值（GEVA）价值创造能力相对指标等量化指标，本书还选取了表 5-3 中的质化指标，对鞍钢股份 2014～2018 年的生态文明建设管理能力进行分析。由表 5-7 中结果可知，鞍钢股份样本期间生态文明制度设计和执行水平较高，且呈现逐年向好趋势，说明了管理层对企业生态文明建设的重视。

表 5-7　生态文明视域下鞍钢股份 2014～2018 年管理能力分析

等级/年份	得分	2014 年	2015 年	2016 年	2017 年	2018 年
A	91-100				▲	▲
B	81-90	▲	▲	▲		
C	71-80					
D	60-70					
E	0-59					

5.3.2.5 建议与思考

（1）推进生态文明建设，明确双重考核标准。“生态文明建设”是中国特色社会主义事业“五位一体”总体布局的重要方面，“五位一体”总布局是一个有机整体，其中“生态文明建设”是基础。国有企业应模范地贯彻落实党和国家的重大战略及路线方针政策，积极承担起推进“生态文明建设”的历史使命。科学的考核体系犹如“指挥棒”，在生态文明制度建设中尤为重要。明确国有企业的考核标准是完善现行考核体系、优化相应考核方法的基本前提。在“大力推进生态文明建设”战略决策背景下，国有企业的考核应具备双重标准。

对于考核标准的设置，首先明确国有企业作为国家出资设立企业的“特殊性”，这对于国有企业的考核标准包含两层含义：其一，应坚持国有企业的营利性组织本位，坚持对其以经营效率高低、是亏损还是盈利、是否具有市场竞争力等标准进行考核；其二，作为“特殊企业”，其考核标准的设置必须突出国家意志和人民的整体利益要求。因此，在“大力推进生态文明建设”战略决策背景下，作为国民经济发展的重要基本单元，国有企业的考核目标应明确为：在发展经济的同时，着重保护生态。换言之，经济利润与生态效率并重应成为对国有企业考核的重要标准。

（2）引入绿色经济增加值（GEVA）模型，完善现行考核体系。目前，国务院国资委印发的《中央企业负责人经营业绩考核办法》已经对中央企业经营业绩考核内容和方法做出了明确的规定及要求，然而，其中并没有针对生态环境方面设定具体的考核指标。2016年，中共中央办公厅、国务院办公厅印发了《生态文明建设目标评价考核办法》（以下简称《办法》），该《办法》也仅适用于对各省、自治区、直辖市党委和政府生态文明建设目标的评价考核。因此，在“五位一体”建设总体布局中，特别是在“大力推进生态文明建设”战略决策背景下，将绿色经济增加值（GEVA）模型纳入现行考核体系，建立体现生态文明建设要求的业绩考核系统，具有极其重要的现实问题导向意义。

国资委对国有企业的经济增加值（EVA）考核从2007年开始经历了运用传统财务指标的同时，导入经济增加值（EVA）指标测算的过渡阶段和全面施行经济增加值（EVA）考核阶段。2007～2009年，部分国企自愿参与了考核，2010年伊始，国务院国资委在中央企业全面施行经济增加值（EVA）考核，地方国资委（北京市、山东省、辽宁省、湖南省和湖北省等地）也陆续展开经济增加值（EVA）考核工作。对于绿色经济增加值（GEVA）的考核施行可以参照上述模式，首先在国有企业试行绿色经济增加值（GEVA）考核，例如，当前受国家宏观调控的高耗能、高污染行业企业，具体包括化工行业、钢铁行业、有色金属行业、水泥行业等。

（3）设置动态与静态指标，优化相应考核方法。由于国有企业的环保投资大一部分是隐性的，并不一定会产生立竿见影的效果，因此，单纯的静态研究和局部研究难以全面真实地反映企业基于环保投资的创值能力。国有企业开展环保投资活动是出于对企业长远发展的考虑，而短期内这种投资行为并不一定能够增加企业价值，有时甚至会降低企业的短期业绩。因此，静态指标难以准确刻画企业环保投资的真实创值能力。对绿色经济增加值（GEVA）的测算应该具备一定的时间跨度，并权衡企业的短期创值能力和长期创值能力。

与此同时，国有企业的绿色经济增加值（GEVA）考核可以采用百分制方法，并分为两次进行打分。第一次是对基础分进行打分，即以上一年度的数据为依据进行打分；第二次是对创新分进行打分，考核的依据是绿色经济增加值（GEVA）的改进程度，即以考核年度数据为依据打分。按照上述方法，通过考察基础分与创新分的差距，判断国有企业生态文明建设工作的进步幅度，并按照进步幅度进行相应的奖惩，除将考核结果与薪酬挂钩外，还应补充其他有效的激励机制。

（4）结合量化与质化内容，丰富具体考核维度。除了采用绿色经济增加值（GEVA）这样的量化指标考核企业的创值能力，还应同步使用合理的质化指标考核企业与生态文明建设相关的管理能力。质化考核尊重现实，对问题的认识较为真实而全面，可作为对量化考核的补充，其本质上并不排斥量化考核。质化考核与量化考核是从不同的侧面，用不同的方法对事物进行考核，两者互为支持。质化指标考核分为设计层面和执行层面两个维度。通过分析当年企业生态文明制度设计和实施情况，对企业管理能力进行分析、考核。

其中，在设计层面可以从是否制订环保制度、是否审议和实施、是否设有独立环保部门、是否有专职环保工作人员、是否将环境保护工作纳入绩效考核内容、是否建立相应的考核机制等方面选取指标。在执行层面可以从国家有关环境保护法律（法规、制度及地方颁布的各项环保规定、制度）是否得到有效的贯彻执行、污染防治和生态保护与建设是否卓有成效、三年内有无重大环境污染和生态破坏事件、资源利用是否科学（合理）、是否对所在区域（或流域）内社会和经济的发展产生重大生态环境影响等方面选取指标。同时，对各个指标设置总分和单项分，对各个维度设置具体考核标准，根据最终得分将考核结果进行分级。

5.4　本章小结

本章探讨的是本研究的第二个问题，即生态文明建设背景下国有企业业绩考核指标设计的相关问题。

首先，规范研究部分。目前，国际影响较大的环境业绩考核标准，分别为ISO14031 标准、WBCSD 生态效益考核标准、GRI 全球环境报告指南和可持续平衡计分卡方法。中国人对生态的认识与分类的文献记载源起于公元前 2000 多年的“禹铸九鼎”。那时人们对生态的关注主要集中在对自然资源的核算以及环境责任的明确方面（杨世忠、方心童，2020）。我国关于生态文明理论的研究起始于叶谦吉（1984）。葛家澍、李若山（1992）将环境会计理论首次引入了我国。习近平生态文明观、《生态文明建设目标评价考核办法》和八次环境保护大会的召开以及等一系列文件的密集出台，描绘了中央关于生态文明建设的顶层设计图，并体现了战略规划。

其次，实地研究部分。广州能源所编制自然资源资产负债表是梅州市生态文明先行示范工作重要基础和有力抓手。主要包括探索编制自然资源资产负债表、建立体现生态文明要求的干部考核体系和建立推动生态文化融入客家文化的政策机制三方面内容，细化为优化国土空间开发格局、调整优化产业结构、加大生态建设和环境保护力度、推动绿色、节约、循环、低碳发展、建设宜居城乡、大力弘扬生态文化、创新机制体制、加强基础能力建设八大任务。目前，成果包括梅州市自然资源资产负债表编制成果总报告、林木资源资产负债表编制成果报告、水资源资产负债表编制成果报告、能源矿产资源资产负债表编制成果报告、大气资源资产负债表编制成果报告以及梅州市自然资源资产负债表工作报告。作为黑龙江省农业行业国有企业，黑龙江垦区企业执行国资委业绩考核办法规定，考核指标分为盈利能力状况、资产质量状况、债务风险状况、经营增长状况和其他补充资料五项，通过对黑龙江农垦国有企业分公司财务人员的调研发现，目前企业集团对分、子公司的业绩考核指标主要为利润总额，以及对企业规定执行情况的评分等内容。广东省惠州市在生态文明建设方面取得了守住“生态红线”，形成绿色发展态势，规划先行、通过重大活动等方式，形成绿色发展态势，突出“五个管控”，全方位开展生态建设与环境保护等成绩。山东省启动2018年省管干部自然资源资产审计，共审计24名市、县（市、区）党委政府主要领导干部，涉及5个市、17县（市、区）。

最后，案例研究部分。通过构建和选取适用于我国国有企业的绿色经济增加值（GEVA）价值创造模型、考核指标和管理能力考核内容，对生态文明视域下我国国有企业创值能力现状和发展趋势分析发现：国有企业近年的价值创造能力逐步提升，且有很大发展空间。虽然样本期间价值创造能力的整体呈现上升趋势，但年份间波动较大，且个别年份存在负值。我国国有企业的价值创造水平不高，价值创造能力的可持续性有待加强。在样本企业中，管理层对企业生态文明建设比较重视，生态文明制度设计和执行水平较高，且呈现逐年向好趋势。

本章研究具有重要的理论创新和现实意义。在理论上，丰富和拓展了生态文明建设的相关文献以及国有企业业绩考核方面的文献。在现实意义上，通过本章研究的探讨，能够更好地了解我国生态文明建设的历史和战略，清楚生态文明建设的实施现状，为国有企业业绩考核标准的未来定位提供了方向，为生态文明建设在企业微观层面的落实提供了理论依据和政策建议，为进一步深入推进生态社会主义制度建设提供了新的参考思路和决策支持。

第6章
本书结论

6.1 研究结论

国有企业作为中国特色社会主义经济制度的坚强基石，是国民经济的重要支柱。业绩考核是增强企业员工活力和提高企业竞争力的管理手段之一。推行实用、科学的业绩考核方法，对于实现企业的科学管理和可持续发展具有重要的导向作用。党的十八大提出，建设中国特色社会主义事业总体布局由经济建设、政治建设、文化建设、社会建设“四位一体”拓展为包括生态文明建设的“五位一体”。国有企业应模范地贯彻落实党和国家的重大战略和路线方针政策，主动承担起推进生态文明建设的历史使命。在生态文明建设的国家宏观层面，习近平总书记提出“正确处理经济发展与环境保护关系”，要把资源消耗、环境损害、生态效益纳入经济社会发展考核体系。在生态文明建设的企业微观层面，本书认为，应正确处理生态环境业绩和经营业绩的关系，完善国有企业业绩考核体系。

本书研究的是国民经济的支柱力量——我国国有企业的业绩考核问题。

事实上，许多国有企业，尤其是央属国企已在环保方面做出大量工作[①]。2016年6月1日，中国石油发布的《2015环境保护公报》是新《环境保护法》发布后第一个由国企发布的环境保护公报[②]。尽管一些国有企业在生态环境保护方面取得了一定成果，但仍有少数国企片面追求经济效益，忽视对生态环境

① 新浪网：环境保护部规范央企环境行为，http://gongyi.sina.com.cn/greenlife/2013-09-23/110245552.html。

② 凤凰网：央企首发环境保护公报，http://news.ifeng.com/a/20160602/48897673_0.shtml。

的保护，未能切实履行环境责任①。目前，针对国有企业的业绩考核办法中，对经营业绩的考核内容和方法已做出了明确的规定及要求。而在环境业绩考核方面，除了在第五章第二十九条和第六章第四十九条第二款中提到将“突发环境事件”和“重大环境污染责任事故”作为“建立重大事项报告制度”和“给予降级或者扣分处理”的情况之外②，并没有具体的环境业绩考核指标。因此，在“大力推进生态文明建设”战略决策背景下，将生态环境因素纳入国有企业业绩考核内容，建立体现生态文明建设要求的业绩考核系统具有极其重要的现实问题导向意义。

那么，我国国有企业现行业绩考核体系如何？已实行的经济增加值（EVA）业绩考核对国有企业有怎样的影响？是否如国资委预期的那样，提高了国有企业及其控股上市公司的投资效率？在“五位一体”总体布局和在“大力推进生态文明建设”战略决策背景下，国有企业业绩考核的定位标准如何调整？业绩考核应包含哪些内容？具体应如何进行考核？为此，本书考察了我国国有企业业绩考核的相关内容。

为了回答以上问题，本书使用规范研究、实地研究和实证研究的方法，分两个问题进行了探讨，并得到了以下结论。

6.1.1 我国国有企业现行业绩考核体系的相关问题

第一，国有企业业绩考核内容经历了实物产量考核、产值和利润指标考核、以投资报酬率为核心的财务指标考核、财务指标与非财务指标相结合的考核四个阶段。国资委对央属国企的业绩考核大致可划为运用传统财务指标进行经营业绩考核、运用传统财务指标的同时导入经济增加值（EVA）指标测算（过渡阶段）和全面施行经济增加值（EVA）业绩考核阶段三个阶段。

第二，通过对10家国企集团及其控股的51家上市公司采用现场访谈、电话访谈、线上访谈等方式的调研发现：央属国企及其控股上市公司确实按照国资委的要求执行经济增加值（EVA）考核，其考核内容也遵照国资委出台的《中央企业负责人经营业绩考核办法》的规定执行。国有企业京能集团综合业绩考核的维度包括战略管理、发展创新、经营决策、风险控制、基础管理、人

① 新华网：环境保护部规范央企环境行为：发布环境违法、减排考核及处理处罚信息，http://news.xinhuanet.com/politics/2013-09/23/c_125430656.htm。

② 国务院国有资产监督管理委员会令第33号《中央企业负责人经营业绩考核办法》，2016年12月8日。

力资源、行业影响、社会贡献八个维度。

第三，经济增加值（EVA）业绩考核与非效率投资存在显著的负相关关系，从整体上看经济增加值（EVA）与非效率投资之间存在倒“U”型关系，经济增加值（EVA）的积极效应存在适用空间，合理的经济增加值（EVA）能够最大化降低非效率投资，但也存在过犹不及。进一步分析表明，相对于组织部门管理的国企负责人，国资委全权管理的国企负责人更加看重经济增加值（EVA）考核，因此在这部分国企控股的上市公司中，经济增加值（EVA）考核的治理作用更显著。在进行了一系列稳健性检验后，该结论依旧成立。

6.1.2　基于生态文明建设的国有企业业绩考核研究

第一，目前，国际影响较大的环境业绩考核标准，分别为ISO14031标准、WBCSD生态效益考核标准、GRI全球环境报告指南和可持续平衡计分卡方法。中国人对生态的认识与分类的文献记载源起于公元前2000多年的“禹铸九鼎”时代。那时人们对生态的关注主要集中在对自然资源的核算以及环境责任的明确方面（杨世忠、方心童，2020）。我国关于生态文明理论的研究起始于叶谦吉（1984）。葛家澍、李若山（1992）将环境会计理论首次引入我国。习近平生态文明观、《生态文明建设目标评价考核办法》和八次环境保护大会的召开以及等一系列文件的密集出台，描绘了中央关于生态文明建设的顶层设计图，并体现了战略规划。

第二，广州能源所编制的自然资源资产负债表是梅州市生态文明先行示范工作的重要基础和有力抓手。主要包括探索编制自然资源资产负债表、建立体现生态文明要求的干部考核体系和建立推动生态文化融入客家文化的政策机制三方面内容，细化为优化国土空间开发格局，调整优化产业结构，加大生态建设和环境保护力度，推动绿色、节约、循环、低碳发展，建设宜居城乡，大力弘扬生态文化，创新机制体制，加强基础能力建设八大任务。目前，成果包括：梅州市自然资源资产负债表编制成果总报告、林木资源资产负债表编制成果报告、水资源资产负债表编制成果报告、能源矿产资源资产负债表编制成果报告、大气资源资产负债表编制成果报告以及梅州市自然资源资产负债表工作报告。作为黑龙江省农业行业国有企业，黑龙江垦区企业执行国资委业绩考核办法规定，考核指标分为盈利能力状况、资产质量状况、债务风险状况、经营增长状况和其他补充资料五项，通过对黑龙江农垦国有企业分公司财务人员的调研发现，目前企业集团对分、子公司的业绩考核指标主要为利润总额，以及对企业规定执行情况的评分等内容。广东省惠州市在生态文明建设方面取得了守住“生态红线”，形成绿色发展态势，规划先行、通过重大活动等方式，形成绿色发展态势，突出“五个管控”，全方位开展生态建设与环境保护等成绩。山东省启动2018年省管干部自然资源资产审计，共审计24名市、县（市、区）党委政府主要领导干部，涉及5个市、17县（市、区）。

第三，通过构建和选取适用于我国国有企业的绿色经济增加值（GEVA）价值创造模型、考核指标和管理能力考核内容，对生态文明视域下我国国有企业创值能力现状和发展趋势分析发现：国有企业近年的价值创造能力逐步提升，且有很大发展空间。虽然样本期间价值创造能力的整体呈现上升趋势，但年份间波动较大，且个别年份存在负值。我国国有企业的价值创造水平不高，价值创造能力的可持续性有待加强。在样本企业中，管理层对企业生态文明建设比较重视，生态文明制度设计和执行水平较高，且呈现逐年向好趋势。

6.2 研究启示

本书基于我国制度背景考察了国有企业业绩考核相关问题。基于上述结论，本书研究具有两点启示意义。

第一，研究表明，国资委对国企实行经济增加值（EVA）考核能够规范管理者投资决策行为，具有抑制非效率投资的作用。从整体上看，经济增加值（EVA）与非效率投资之间存在倒“U”型关系，经济增加值（EVA）的积极效应存在适用空间，合理的经济增加值（EVA）能够最大化降低非效率投资，但也存在过犹不及。因此，国资委在设计中国化的经济增加值（EVA）时应针对上述可能产生的问题对经济增加值（EVA）计算方法进行了适当调整，从而在一定程度上避免上述现象的发生，进一步增加中国化的经济增加值（EVA）指标的设计合理性，并正确引导国企及其控股上市公司管理层的投资行为。这对国资委未来进一步积极引导国有企业业绩考核，保证企业理性投资具有重要的参考价值。

第二，研究认为，国有企业是国家设立的“特殊企业”，对于国有企业价值创造能力的考核应包含双重标准。一方面，国有企业作为营利性组织，要考核其经营效率的高低，是亏损还是盈利，是否具有市场竞争力等；另一方面，作为“特殊企业”，必须考核其是否体现了国家意志和人民的整体利益要求。

“生态文明建设”是中国特色社会主义事业“五位一体”总体布局的重要方面。因此，在生态文明建设的企业微观层面，应正确处理生态效率和经营效率的关系，要把资源消耗、环境损害、生态效益等体现生态文明建设状况的因素纳入国有企业现有价值创造考核模型，并对经济增加值（EVA）的一般模型进行相应的会计调整，得到适用于生态文明视域下的国有企业的价值创造模型。

6.3 研究不足与展望

不可否认，本书的研究一定存在不足之处，这为未来进一步探讨提供了机会。

首先，本书针对国企生态文明建设业绩考核问题，并没有提出综合考核体系。因为本书并不赞同在我国并没有建立适当的环境业绩考核体系时，过多进行综合考核模式的研究，那样只是一种数学运算，并没有很好的实用价值。因此，在“大力推进生态文明建设”的背景下，应尽快将环境业绩考核纳入现有国企考核办法中。未来，建立国有企业综合考核模式将是未来研究的重要内容。

其次，本书仅考察了国企控股上市公司经济增加值（EVA）考核与非效率投资的关系，而没有将所有实行经济增加值（EVA）考核的国有企业视为一个整体，以考察经济增加值（EVA）考核与非效率投资之间的关系。本书认为，仅考察国企控股上市公司业绩考核，可以快速找到经济增加值（EVA）对非效率投资的影响，研究结果不会受到样本异质性的干扰。然而，这一方法的缺点也较为明显，无法考察所有实行经济增加值（EVA）考核企业的作用。可见，两种方案各有利弊。因此，在未来的研究中，可以考虑将所有实行经济增加值（EVA）考核的国有企业视为一个整体，以考察经济增加值（EVA）对非效率投资的影响。

参考文献

［1］国务院国有资产监督管理委员会令第 40 号：《中央企业负责人经营业绩考核办法》，2019 年 3 月 7 日。

［2］国务院：《中华人民共和国环境保护税法实施条例》，2017 年 12 月 25 日。

［3］中国共产党第十九次全国代表大会：《决胜全面建成小康社会，夺取新时代中国特色社会主义伟大胜利》，2017 年 10 月 18 日。

［4］财政部：《管理会计应用指引第 600 号——业绩管理》，2017 年 9 月 29 日。

［5］财政部：《管理会计应用指引第 604 号——业绩棱柱模型》，2017 年 9 月 29 日。

［6］国务院：《关于全民所有自然资源资产有偿使用度改革的指导意见》，2016 年 12 月 29 日。

［7］国务院国有资产监督管理委员会令第 33 号：《中央企业负责人经营业绩考核办法》，2016 年 12 月 8 日。

［8］中共中央办公厅、国务院办公厅：《生态文明建设目标评价考核办法》，2016 年 12 月 2 日。

［9］财政部：《管理会计基本指引》，2016 年 6 月 22 日。

［10］财政部办公厅：《〈管理会计基本指引（征求意见稿）〉起草说明》，2015 年 12 月 29 日。

［11］《中华人民共和国国民经济和社会发展第十三个五年规划纲要》，2015 年 11 月 3 日。

［12］国务院办公厅：《开展领导干部自然资源资产离任审计试点方案》，2015 年 11 月。

［13］中共中央、国务院：《生态文明体改革总体方案》，2015 年 9 月 22 日。

［14］中共中央政治局会议：《生态文明体制改革总体方案》，2015 年 9 月 11 日。

［15］中共中央办公厅、国务院办公厅：《党政领导干部生态环境损害责任追究办法（试行）》，2015 年 8 月 9 日。

［16］国务院：《关于水污染防治行动计划》（国发 2015 17 号），2015 年 4 月。

［17］中共中央政治局会议：《关于加快推进生态文明建设的意见》，2015 年 3 月 24 日。

［18］环境保护部：《关于开展政府环境审计试点工作的通知》，2015 年 3 月。

［19］国务院办公厅：《编制自然资源资产负债表试点方案》，2015 年 1 月 8 日。

［20］余蔚平：《全面发展中国特色管理会计 加快推进我国经济转型升级》（在《关于全面推进管理会计体系建设的指导意见》发布会上的讲话），2014 年 11 月 26 日。

［21］环境保护部：《企业事业单位环境信息公开办法》，2014 年 12 月 19 日。

［22］财政部：《财政部关于全面推进管理会计体系建设的指导意见》（财会〔2014〕27 号），2014 年 10 月 27 日。

［23］中共十八届三中全会公告：《中共中央关于全面深化改革若干重大问题的决定》，2013 年 11 月 12 日。

［24］环境保护部：《国家重点监控企业自行监测及信息公开办法（试行）》2013 年。

［25］国务院国有资产监督管理委员会令第 30 号：《中央企业负责人经营业绩考核暂行办法》，2012 年 12 月 29 日。

［26］中国共产党第十八次全国代表大会：《坚定不移沿着中国特色社会主义道路前进，为全面建成小康社会而奋斗》，2012 年 11 月 8 日。

［27］国务院国有资产监督管理委员会文件：《关于进一步加强中央企业负责人副职业绩考核工作的指导意见》，2012 年 1 月 17 日。

[28] 国务院：《关于实行最严格水资源管理制度的意见》（国发［2012］3号），2012年2月。

[29] 环境保护部：《关于开展环境污染损鉴定评估工作的若干意见》（环发［2011］60号），2011年5月25日。

[30] 国务院国有资产监督管理委员会：《中央企业全员业绩考核情况核查计分办法》，2010年8月9日。

[31] 国务院国有资产监督管理委员会令第22号，《中央企业负责人经营业绩考核暂行办法》，2009年12月28日。

[32] 国务院国有资产监督管理委员会：《关于进一步加强中央企业全员业绩考核工作的指导意见》，2009年10月16日。

[33] 审计署：《关于加强资源环境审计工作的意见》，2009年8月。

[34] 国务院国有资产监督管理委员会：《中央企业负责人年度经营业绩考核补充规定》，2008年2月13日。

[35] 国家环保总局：《环境信息公开办法（试行）》，2008年。

[36] 国务院国有资产监督管理委员会：《关于加强中央企业负责人第二业绩考核任期薪酬管理的意见》，2007年12月26日。

[37] 国务院国有资产监督管理委员会：《中央企业负责人任期经营业绩考核补充规定》，2007年12月24日。

[38] 国家统计局：《全国污染源普查条例》（国务院第508号令），2007年10月16日。

[39] 中国共产党第十七次全国代表大会：《高举中国特色社会主义伟大旗帜，为夺取全面建设小康社会新胜利而奋斗》，2007年10月15日。

[40] 国务院国有资产监督管理委员会令第14号，《中央企业综合业绩考核管理暂行办法》，2006年4月7日。

[41] 财政部、国家经贸委、中央企业工委、劳动保障部、国家计委：《企业业绩考核操作细则》，2002年8月4日。

[42] 财政部：《委托社会中介机构开展企业业绩考核业务暂行办法》，2002年6月6日。

[43] 财政部：《企业集团内部业绩考核指导意见》，2002年6月5日。

[44] 国家环境保护总局：《国家环境保护“十五”计划》，中国环境科学出版社，2002年。

[45] 世界可持续发展工商理事会（WBCSD）:《生态效益评估标准》，2000年8月。

[46] GRI:《可持续发展报告指南》（第三版），2000年。

[47] 财政部:《国有资本金业绩考核规则、国有资本金业绩考核操作细则》，1999年6月1日。

[48] ISO:《环境管理环境业绩考核指南》（ISO14031），1999。

[49] 财政部:《企业经济效益考核指标体系（试行）》，1995年1月9日。

[50] 国务院:《关于进一步加强环境保护工作的决定》，国发〔1990〕65号，1990年12月5日。

[51] 国务院:《关于保护和改善环境的若干规定（试行草案）》，1973年8月5日。

[52] 广东省社会科学院、南方报业传媒集团:《基于区域发展阶段特征的广东绿色发展考核研究报告》，2018年6月25日。

[53] 方心童:《中央企业业绩考核问题研究》，北京，首都经济贸易大学出版社，2018。

[54] 任铃、张云飞:《改革开放四十年的中国生态文明建设》: 北京，中国党史出版社，2018。

[55] 广东省社会科学院、惠州市社会科学界联合会（省社科院惠州分院）:《以绿色化开辟生态文明建设新境界——惠州生态文明建设的实践与启示》，2017年12月3日。

[56] 广东省社会科学院、南方报业传媒集团:《广东绿色发展指数考核研究报告》，2016年12月16日。

[57] 叶文虎、甘晖:《文明的演化——基于三种生产四种关系框架的迈向生态文明时代的理论、案例和预见研究》（第一卷），科学出版社2015年版。

[58] 袁广达:《环境会计与管理路径研究》，经济科学出版社2010年版。

[59] 吴刚梁:《国资迷局》，中国人民大学出版社2010年版。

[60] 郭道扬:《郭道扬文集》，经济科学出版社2009年版。

[61] 肖序:《环境会计理论与实务研究》，东北财经大学出版社2007年版。

[62] ［英］罗伯·格瑞 简·贝宾顿著，王立彦、耿建新主译:《环境会计与管理（第2版）》，北京大学出版社2004年版。

［63］王蔷：《组织行为学教程》，上海财经大学出版社 2002 年版。

［64］周妙群：《管理心理学》，厦门大学出版社 2001 年版。

［65］严茂超：《生态经济学新论：理论、方法与应用》，中国经济出版社 2001 年版。

［66］芭芭拉·沃德、勒内·杜博斯：《只有一个地球》，吉林人民出版社 1997 年版。

［67］钱德勒：《看的见的手——美国企业的管理革命》，商务印书馆 1997 年版。

［68］林毅夫、蔡昉、李周：《充分信息与国有企业改革》，上海人民出版社 1996 年版。

［69］张维迎：《企业的企业家——契约理论》，上海三联书店、上海人民出版社 1995 年版。

［70］颜泽贤等：《复杂系统演化论》，人民出版社 1993 年版。

［71］马传栋：《生态经济学》，山东人民出版社 1986 年版。

［72］丹尼斯·米都斯：《增长的极限》，四川人民出版社 1984 年版。

［73］徐志耀、陈骏：《以自然资源资产离任审计推动完善生态文明制度体系》，载于《审计与经济研究》2020 年第 2 期，第 22～23 页。

［74］杨世忠、方心童：《从先秦经典文献看我国自然资源核算的渊源》，载于《会计之友》2020 年第 2 期，第 8～12 页。

［75］黄溶冰、赵谦、王丽艳：《自然资源资产离任审计与空气污染防治：‘和谐锦标赛’还是‘环保资格赛’》，载于《中国工业经济》2019 年第 10 期，第 23～41 页。

［76］陈运森、黄健峤：《股票市场开放与企业投资效率——基于‘沪港通’的准自然实验》，载于《金融研究》2019 年第 8 期，第 151～170 页。

［77］綦好东、乔琳、曹伟：《基金网络关系强度与公司非效率投资》，载于《财贸经济》2019 年第 5 期，第 66～82 页。

［78］周守华、谢知非、徐华新：《生态文明建设背景下的会计问题研究》，载于《会计研究》2018 年第 10 期，第 3～10 页。

［79］王仲兵、王攀娜：《放松卖空管制与企业投资效率——来自中国资本市场的经验证据》，载于《会计研究》2018 年第 9 期，第 80～87 页。

［80］周微、刘宝华、唐嘉尉：《非效率投资、政府审计与腐败曝光——基

于央企控股上市公司的经验证据》，载于《审计研究》2017 年第 5 期，第 46 ~ 53 页。

［81］杨婷蓉、丁慧平：《绿色 EVA：基于预期生态效率的经济增加值》，载于《东北大学学报（社会科学版）》2017 年第 2 期，第 147 ~ 152 页。

［82］闫华红、吴启富、毕洁：《基于碳排放价值链的企业绩效评价体系的构建与应用》，载于《审计研究》2016 年第 6 期，第 55 ~ 63 页。

［83］耿建新、唐洁珑：《负债、环境负债与自然资源资产负债》，载于《审计研究》2016 年第 6 期，第 3 ~ 12 页。

［84］周佰成、马可为、李佐智等：《风险调整 EVA 模型及其在央企业绩考核中的应用》，载于《管理世界》2016 第 6 期，第 180 ~ 181 页。

［85］王济民、赵奇：《‘管资本’背景下国有企业财务业绩考核指标体系的构建》，载于《财务与会计》2016 年第 12 期，第 22 ~ 23 页。

［86］王济民、赵奇：《国有企业业绩考核的模型探讨》，载于《财务与会计》2016 年第 12 期，第 24 ~ 25 页。

［87］徐佳、陈艳：《利益相关者对国有企业业绩 考核影响程度的研究》，载于《宏观经济研究》2016 年第 7 期，第 122 ~ 159 页。

［88］闫华红、邵应倩：《完善国有企业分类业绩考核 提升国有资本运行效率》，载于《财务与会计》2016 年第 18 期，第 30 ~ 32 页。

［89］王济民、蔡颖：《新形势下国有企业业绩考核的探索与实践》，载于《财务与会计》2016 年第 12 期，第 20 ~ 21 页。

［90］黎文靖、路晓燕：《机构投资者关注企业的环境业绩吗？——来自我国重污染行业上市公司的经验证据》，载于《金融研究》2015 第 12 期，第 97 ~ 112 页。

［91］汤谷良等：《中央企业 EVA 考核制度实施效果的理论解释》，载于《会计研究》2015 第 9 期，第 34 ~ 43 页。

［92］何瑛、张大伟：《管理者特质、负债融资与企业价值》，载于《会计研究》2015 年第 8 期，第 65 ~ 72 页。

［93］黄继承、姜付秀：《产品市场竞争与资本结构调整速度》，载于《世界经济》2015 年第 7 期，第 99 ~ 119 页。

［94］张立民、邢春玉、温菊英：《国有企业政治关联、政府审计质量和企业业绩 ——基于我国 A 股市场的实证研究》，载于《宏观经济研究》2015 年第

5 期，第 3 ~ 14 页。

［95］王立彦：《环境成本与 GDP 有效性》，载于《会计研究》2015 年第 3 期，第 3 ~ 11 页。

［96］黎文靖、路晓燕：《机构投资者关注企业的环境业绩吗？——来自我国重污染行业上市公司的经验证据》，载于《金融研究》2015 年第 12 期，第 97 ~ 112 页。

［97］耿建新等：《我国国家资产负债表与自然资源资产负债表的编制与运用初探——以 SNA 2008 和 SEEA 2012 为线索的分析》，载于《会计研究》2015 年第 1 期，第 15 ~ 24 页。

［98］王茂林、何玉润、林慧婷：《管理层权力、现金股利与企业投资效率》，载于《南开管理评论》2014 年第 17 期，第 13 ~ 22 页。

［99］陈晓红、周智玉：《基于规模报酬可变假设的城市环境业绩考核及其成因分解》，载于《中国软科学》2014 年第 10 期，第 121 ~ 128 页。

［100］袁广达：《我国工业行业生态环境成本补偿标准设计——基于环境损害成本的计量方法与会计处理》，载于《会计研究》2014 第 8 期，第 88 ~ 95 页。

［101］池国华、邹威：《EVA 考核、管理层薪酬与非效率投资——基于沪深 A 股国有上市公司的经验证据》，载于《财经问题研究》2014 年第 7 期，第 43 ~ 50 页。

［102］李春瑜：《基于 PSR 模型的政府资源环境业绩审计考核指标研究》，载于《首都经济贸易大学学报》2014 年第 6 期，第 59 ~ 64 页。

［103］喻坤、李治国、张晓蓉、徐建刚：《企业投资效率之谜：融资约束假说与货币政策之谜》，载于《经济研究》2014 年第 5 期，第 106 ~ 120 页。

［104］逯东、孙言、周玮、杨舟：《地方政府政绩诉求、政府控制权与公司价值研究》，载于《经济研究》2014 年第 1 期，第 56 ~ 59 页。

［105］徐光华、赵雯蔚、黄亚楠：《基于 DEA 的企业减排投入与产出业绩考核研究》，载于《审计与经济研究》2014 年第 1 期，第 103 ~ 110 页。

［106］徐光华、赵雯蔚、黄亚楠：《基于 DEA 的企业减排投入与产出业绩考核研究》，载于《审计与经济研究》2014 年第 1 期，第 103 ~ 110 页。

［107］陈晓红、周智玉：《基于规模报酬可变假设的城市环境业绩考核及其成因分解》，载于《中国软科学》2014 年第 10 期，第 121 ~ 128 页。

［108］王文成、王诗舟：《中国国有企业社会责任与企业业绩相关性研究》，载于《中国软科学》2014 年第 8 期，第 131 ~137 页。

［109］荆新：《以三种模式编制自然资源资产负债表》，载于《中国会计报》2014 年第 8 期。

［110］王泽霞、江乾坤、叶继英：《生态文明、大数据与财务成本管理创新——中国会计学会财务成本分会 2014 学术年会综述》，载于《会计研究》2014 年第 11 期，第 93 ~95 页。

［111］孙茂竹、王旭芳、王海燕：《经济增加值研究评述：中外比较视角》，《中国会计学会管理会计与应用专业委员会 2013 年学术研讨会论文集》2013 年第 232 ~253 页。

［112］黎来芳、叶宇航、孙健：《市场竞争、负债融资和过度投资》，载于《中国软科学》2013 年第 11 期，第 91 ~100 页。

［113］郑艳洁：《基于 EVA 的央企控股上市公司过度投资行为分析"，载于《财会通讯》2013 年第 10 期，第 27 ~28 页。

［114］吴德军、黄丹丹：《高管特征与公司环境业绩》，载于《中南财经政法大学学报》2013 年第 5 期，第 109 ~114 页。

［115］申志东：《运用层次分析法构建国有企业业绩考核体系》，载于《审计研究》2013 年第 2 期，第 105 ~112 页。

［116］王海明、曾德明：《管理者短视偏差对企业投资行为影响研究——一个基于股东短期利益压力视角的实证》，载于《财经理论与实践》2013 年第 1 期，第 35 ~36 页。

［117］宋建波、李丹妮：《企业环境责任与环境业绩理论研究及实践启示》，载于《中国人民大学学报》2013 年第 3 期，第 80 ~86 页。

［118］申志东：《运用层次分析法构建国有企业业绩考核体系》，载于《审计研究》2013 年第 2 期，第 106 ~112 页。

［119］吴德军、黄丹丹：《高管特征与公司环境业绩》，载于《中南财经政法大学学报》2013 年第 5 期，第 109 ~114 页。

［120］冯巧根、冯圆：《企业文化与环境经营价值体系的构建》，载于《会计研究》2013 年第 8 期，第 24 ~31 页。

［121］刘银国、张琛：《自由现金流与在职消费——基于所有制和公司治理的实证研究》，载于《管理评论》2012 年第 10 期，第 18 ~25 页。

[122] 杨娜：《企业环境业绩考核国内外研究综述》，载于《生产力研究》2012 年第 10 期，第 250 ~252 页。

[123] 刘行、李小荣：《金字塔结构、税收负担与企业价值：基于地方国有企业的证据》，载于《管理世界》2012 年第 8 期，第 95 ~96 页。

[124] 王洋、彭家生：《EVA 业绩考核对中央企业过度投资的影响》，载于《财会月刊》2012 年第 5 期，第 3 ~6 页。

[125] 张先治、李琦：《基于 EVA 的业绩考核对央企过度投资行为影响的实证分析》，载于《当代财经》2012 年第 5 期，第 119 ~128 页。

[126] 饶育蕾、王颖等：《CEO 职业生涯关注与短视投资关系的实证研究》，载于《管理科学》2012 年第 3 期，第 32 ~33 页。

[127] 杨棉之、马迪：《债务约束、自由现金流与企业过度投资》，载于《统计与决策》2012 年第 2 期，第 170 ~171 页。

[128] 何平林、石亚东、李涛：《环境业绩的数据包络分析方法——一项基于我国火力发电厂的案例研究》，载于《会计研究》2012 年第 2 期，第 11 ~17 页。

[129] 谢东明：《基于生态效益理念的我国企业环境业绩管理研究》，载于《财政研究》2012 年第 11 期，第 28 ~31 页。

[130] 何平林、石亚东、李涛：《环境业绩的数据包络分析方法——一项基于我国火力发电厂的案例研究》，载于《会计研究》2012 年第 2 期，第 11 ~17 页。

[131] 杨娜：《企业环境业绩考核国内外研究综述》，载于《生产力研究》2012 年第 10 期，第 250 ~253 页。

[132] 周守华、陶春华：《环境会计：理论综述与启示》，载于《会计研究》2012 年第 2 期，第 3 ~10 页。

[133] 高晨、汤谷良：《央企 EVA 考核中的目标设定与指标分解》，载于《财务与会计（理财版）》2011 年第 11 期，第 8 ~11 页。

[134] 周春梅：《国有上市公司投资行为异化：投资过度抑或投资不足》，载于《宏观经济研究》2011 第 11 期，第 58 ~59 页。

[135] 花贵如、刘志远：《投资者情绪、管理者乐观主义与企业投资行为》，载于《金融研究》2011 年第 9 期，第 178 ~190 页。

[136] 宋陵、李海燕：《田庄煤矿实施“会诊式”EVA 增值型内部控制的

几点做法》，载于《财务与会计》2011 年第 9 期，第 47 ~ 48 页。

[137] 辛金国、洪波：《EVA 综合计分卡在浙江沙玛电子有限公司的实践》，载于《财务与会计（理财版）》2011 年第 9 期，第 33 ~ 34 页。

[138] 杜兴强、曾泉、杜颖洁：《政治联系、过度投资与公司价值——基于国有上市公司的经验证据》，载于《金融研究》2011 年第 8 期，第 93 ~ 110 页。

[139] 刘放、杨小舟：《EVA 考核与企业资本成本确定》，载于《财政研究》2011 年第 8 期，第 65 ~ 68 页。

[140] 孙世敏、王昂、贾建锋：《基于价值创造和动态基础薪酬的经营者激励机制研究》，载于《中国管理科学》2011 年第 5 期，第 153 ~ 159 页。

[141] 方秀丽：《构建以价值创造为导向的商业银行内部审计体系的初步设想》，载于《审计研究》2011 年第 2 期，第 39 ~ 44 页。

[142] 陈雪敏：《国有外贸企业业绩考核与管理激励研究——基于 EVA 与 BSC 结合的方法》，载于《财务管理》2011 年第 20 期，第 47 ~ 49 页。

[143] 郭洪、许一涌、张合金：《从股东价值分解视角看商业银行效率》，载于《管理世界》2010 年第 12 期，第 182 ~ 183 页。

[144] 李洪仪：《计算 EVA 时对有关项目进行会计调整的浅见》，载于《财务与会计》2010 年第 10 期，第 56 页。

[145] 潘飞、陈世敏、文东华、王悦：《中国企业管理会计研究框架》，载于《会计研究》2010 年第 10 期，第 47 ~ 54 页。

[146] 杨兴全、张照南、吴昊：《治理环境、超额持有现金与过度投资——基于我国上市公司面板数据的分析》，载于《南开管理评论》2010 年第 10 期，第 61 ~ 65 页。

[147] 张星燎：《透析国资委 EVA 计算规则》，载于《财务与会计（理财版）》2010 第 10 期，第 15 ~ 16 页。

[148] 姜鑫、金鸿雁：《对企业实施 EVA 考核的若干思考》，载于《财务与会计（理财版）》2010 年第 9 期，第 58 页。

[149] 肖珉：《现金股利、内部现金流与投资效率》，载于《金融研究》2010 年第 9 期，第 118 ~ 119 页。

[150] 池国华、张彪：《央企实施 EVA 的现状分析与启示》，载于《财务与会计（理财版）》2010 年第 7 期，第 49 ~ 51 页。

[151] 姜宏、刘成竹:《基于 EVA 模型的企业内部价值管理》,载于《财务与会计(理财版)》2010 年第 6 期,第 57 ~ 59 页。

[152] 卢闯、杜菲等:《导入 EVA 考核中央企业的公平性及其改进》,载于《中国工业经济》2010 年第 6 期,第 96 ~ 105 页。

[153] 覃家琦:《战略委员会与上市公司过度投资行为》,载于《金融研究》2010 年第 6 期,第 124 ~ 142 页。

[154] 徐学锋:《行为金融视角下金融机构管理者非理性决策行为分析》,载于《企业经济》2010 年第 4 期,第 164 ~ 166 页。

[155] 张洪辉、王宗军:《政府干预、政府目标与国有上市公司的过度投资》,载于《南开管理评论》2010 年第 3 期,第 101 ~ 108 页。

[156] 池国华、朱俊卿:《基于 EVA 的汽车制造业上市公司价值创造排行榜及其分析》,载于《财务与会计(理财版)》2010 年第 3 期,第 47 ~ 49 页。

[157] 张继东:《EVA 价值评估体系可以走多远?——第十六届 CGA 京津地区会计与财务教授季度论坛综述》,载于《中国会计评论》2010 年第 2 期,第 235 ~ 240 页。

[158] 黎精明、郜进兴:《财政分权、要素价格扭曲与国有企业过度投资》,载于《中南财经政法大学学报》2010 年第 1 期,第 78 ~ 83 页。

[159] 李灿:《论企业业绩考核系统优化——基于共生理论的思考》,载于《中南财经政法大学学报》2010 年第 6 期,第 120 ~ 125 页。

[160] 杨洵、罗海燕:《灰色关联考核模型在国有企业业绩考核中的应用》,载于《财会研究》2010 年第 18 期,第 57 ~ 60 页。

[161] 徐传谌、刘凌波:《我国国有企业特殊社会责任研究》,载于《经济管理》2010 年第 10 期,第 166 ~ 168 页。

[162] 陈泉生:《论可持续发展法律价值取向》,载于《2001 年环境资源法学国际研讨会论文集》2010 年第 1 期,第 3 ~ 4 页。

[163] 杨世忠、曹梅梅:《宏观环境会计核算体系框架构想》,载于《会计研究》2010 年第 8 期,第 9 ~ 15 页。

[164] 林左鸣、顾惠忠、白晓刚:《积极推行 EVA 管理力促集团公司核心竞争力转型——对中航工业建立和实施 EVA 考核体系的思考》,载于《财务与会计》2009 年第 13 期,第 15 ~ 19 页。

[165] 王建新、刚成军:《公司治理、债务约束与自由现金流过度投

资——基于发电行业上市公司的实证研究》，载于《科学决策》2009 年第 11 期，第 35 ~ 42 页。

［166］石美娟、童卫华：《机构投资者提升公司价值吗？——来自后股改时期的经验数据》，载于《金融研究》2009 年第 10 期，第 151 ~ 161 页。

［167］孟一琳：《大股东控制与企业过度投资行为研究》，载于《财会月刊》2009 年第 9 期，第 25 ~ 27 页。

［168］吴昊、曹澍：《政府管制、过度投资与企业业绩关系的实证分析》，载于《统计与决策》2009 年第 9 期，第 133 ~ 135 页。

［169］辛清泉、谭伟强：《市场化改革、企业业绩与国有企业经理薪酬》，载于《经济研究》2009 年第 11 期，第 68 ~ 81 页。

［170］姜付秀、黄磊、张敏：《产品市场竞争、公司治理与代理成本》，载于《世界经济》2009 年第 10 期，第 46 ~ 59 页。

［171］程仲鸿、王海兵：《公司控股股东类型与过度投责水平的关系研究》，载于《财会月刊》2009 年第 9 期，第 33 ~ 34 页。

［172］黄乾富、沈红波：《债务来源、债务期限结构与现金流的过度投资——基于中国制造业上市公司的实证证据》，载于《金融研究》2009 年第 9 期，第 143 ~ 155 页。

［173］王彦超：《融资约束、现金持有与过度投资》，载于《金融研究》2009 年第 7 期，第 121 ~ 133 页。

［174］徐晓东、张天西：《公司治理、自由现金流与非效率投资》，载于《财经研究》2009 年第 7 期，第 47 ~ 58 页。

［175］卞江、李鑫：《非理性状态下的企业投资决策——行为公司金融对非效率投资行为的解释》，载于《中国工业经济》2009 年第 7 期，第 152 ~ 158 页。

［176］蔡吉甫：《自由现金流量、过度投资与公司业绩》，载于《当代财经》2009 年第 6 期，第 119 ~ 123 页。

［177］张功富、宋献中：《我国上市公司投资：过度还是不足？——基于沪深工业类上市公司非效率投资的实证度量》，载于《会计研究》2009 年第 5 期，第 69 ~ 79 页。

［178］闫华红：《国有上市公司股利政策与过度投资的实证研究》，载于《财政研究》2009 年第 4 期，第 75 ~ 78 页。

[179] 汪平、孙士霞：《自由现金流量、股权结构与我国上市公司过度投资问题研究》，载于《当代财经》2009 年第 4 期，第 123 ~128 页。

[180] 吴锐、余波：《基于自由现金流的地方国有与民营企业过度投资对比研究》，载于《财会月刊》2009 年第 3 期，第 34 ~37 页。

[181] 张纯、吕伟：《信息披露、信息中介与企业过度投资》，载于《会计研究》2009 年第 1 期，第 60 ~65 页。

[182] 姜付秀、伊志宏、苏飞、黄磊：《管理者背景特征与企业过度投资行为》，载于《管理世界》2009 年第 1 期，第 130 ~139 页。

[183] 胡玉明：《经济附加值：识别企业创造价值还是毁灭价值的慧眼》，载于《财务与会计》2008 年第 12 期，第 11 ~13 页。

[184] 王建新：《债务约束与自由现金流的过度投资问题研究》，载于《财政研究》2008 年第 11 期，第 65 ~69 页。

[185] 罗进辉、万迪昉、蔡地：《大股东治理与管理者过度投资行为》，载于《经济管理》2008 年第 9 期，第 33 ~39 页。

[186] 徐向艺、李鑫：《自由现金流、负债融资与企业过度投资——基于中国上市公司的实证研究》，载于《软科学》2008 年第 7 期，第 124 ~139 页。

[187] 刘桂香、魏丽丽：《青岛啤酒》的 EVA 价值管理，载于《财务与会计》2008 年第 6 期，第 23 ~24 页。

[188] 王化成、陈咏英、佟岩：《对国有企业建立以 EVA 为核心的价值管理体系的思考》，载于《财务与会计》2008 年第 6 期，第 17 ~19 页。

[189] 张栋、杨淑娥、杨红：《第一大股东股权、治理机制与企业过度投资——基于中国上市公司 Panel Data 的研究》，载于《当代经济科学》2008 年第 4 期，第 62 ~72 页。

[190] 周亚东、孙秀玲：《EVA 激励体系在铸管集团的应用》，载于《财务与会计》2008 年第 2 期，第 38 ~39 页。

[191] 于增彪等：《国企业绩考核的对象是企业还是企业负责人》，载于《财务与会计》2008 年第 2 期，第 50 ~51 页。

[192] 李维安、姜涛：《公司治理与企业过度投资行为研究——来自中国上市公司的证据》，载于《财贸经济》2007 年第 12 期，第 56 ~61 页。

[193] 姜再勇、严宝玉、盛朝晖、李宏瑾：《经济价值创造、投资效率与宏观经济增长——EVA 方法及对我国和北京市制造业面板数据的研究》，载于

《金融研究》2007 年第 11 期，第 118 ~ 128 页。

［194］于增彪等：《国企业绩考核体系：财务指标之是非曲直辨析》，载于《财务与会计》2007 年第 10 期，第 49 ~ 50 页。

［195］刘运国、陈国菲：《BSC 与 EVA 相结合的企业业绩考核研究——基于 GP 企业集团的案例分析》，载丁《会计研究》2007 年第 9 期，第 50 ~ 59 页。

［196］杨华军、胡奕明：《制度环境与自由现金流的过度投资》，载于《管理世界》2007 年第 9 期，第 102 ~ 103 页。

［197］辛清泉、林斌、王彦超：《政府控制、经理薪酬与资本投资》，载于《经济研究》2007 年第 8 期，第 110 ~ 122 页。

［198］唐雪松、周晓苏、马如静：《上市公司过度投资行为及其制约机制的实证研究》，载于《会计研究》2007 年第 7 期，第 44 ~ 52 页。

［199］林汉川、王莉、王分棉：《环境业绩、企业责任与产品价值再造》，载于《管理世界》2007 年第 5 期，第 154 ~ 157 页。

［200］魏明海、柳建华：《国企分红、治理因素与过度投资》，载于《管理世界》2007 年第 4 期，第 88 ~ 95 页。

［201］黄晓楠、瞿宝忠、丁平：《基于 EVA 的企业并购定价改进模型研究”，载于《会计研究》2007 年第 3 期，第 42 ~ 46 页。

［202］连玉君、程建：《投资 - 现金流敏感性：融资约束还是代理成本?》，载于《财经研究》2007 年第 2 期，第 37 ~ 46 页。

［203］林汉川、王莉、王分棉：《环境业绩、企业责任与产品价值再造》，载于《管理世界》2007 年第 5 期，第 155 ~ 157 页。

［204］姜付秀、刘志彪、陆正飞：《多元化经营、企业价值与收益波动研究——以中国上市公司为例的实证研究》，载于《财经问题研究》2006 年第 11 期，第 27 ~ 35 页。

［205］李洪、张德明、曹秀英、张学岷：《EVA 业绩考核指标有效性的实证研究——基于 454 家沪市上市公司 2004 年度的数据》，载于《中国软科学》2006 年第 10 期，第 150 ~ 157 页。

［206］朱红军、何贤杰、陈信元：《金融发展、预算软约束与企业投资》，载于《会计研究》2006 年第 10 期，第 64 ~ 71 页。

［207］李春瑜：《EVA、△EVA 与 REVA 价值增值衡量适用性比较研究》，载于《经济管理》2006 年第 8 期，第 80 ~ 87 页。

[208] 饶育蕾、汪玉英：《中国上市公司大股东对投资影响的实证研究》，载于《南开管理评论》2006 年第 5 期，第 67 ~ 73 页。

[209] 印猛、李燕萍：《基于 BSC 和 EVA 整合战略管理的应用研究》，载于《南开管理评论》2006 年第 5 期，第 83 ~ 88 页。

[210] 刘昌国：《公司治理机制、自由现金流量与上市公司过度投资行为研究》，载于《经济科学》2006 年第 4 期，第 50 ~ 58 页。

[211] 刘端、陈收：《中国市场管理者短视、投资者情绪与公司投资行为扭曲研究》，载于《中国管理科学》2006 年第 4 期，第 17 ~ 18 页。

[212] 喻宝才：《什么是国有企业的责任?》，载于《国企》2006 年第 11 期，第 15 ~ 16 页。

[213] 许家林、王昌锐：《论环境会计核算中的环境资产确认问题》，载于《会计研究》2006 年第 1 期，第 25 ~ 29 页。

[214] 杜胜利、张杰：《独立董事更迭影响因素的实证研究》，载于《中国软科学》2005 年第 7 期，第 128 ~ 136 页。

[215] 童盼、陆正飞：《负债融资、负债来源与企业投资行为——来自中国上市公司的经验证据》，载于《经济研究》2005 年第 5 期，第 75 ~ 86 页。

[216] 朱建武：《基于 EVA 的中小银行业绩与治理结构关系分析》，载于《财经研究》2005 年第 5 期，第 53 ~ 62 页。

[217] 欧阳凌、欧阳令南、周红霞：《股权制度安排、信息不对称与企业非效率投资行为》，载于《当代经济科学》2005 年第 4 期，第 72 ~ 78 页。

[218] 张翼、李辰：《股权结构、现金流与资本投资》，载于《经济学（季刊)》2005 年第 4 期，第 229 ~ 246 页。

[219] 温素彬、薛恒新：《基于科学发展观的企业三重业绩考核模型》，载于《会计研究》2005 年第 4 期，第 60 ~ 64 页。

[220] 陆宏芳、沈善瑞、陈洁、蓝盛芳：《生态经济系统的一种整合考核方法：能值理论与考核方法》，载于《生态环境》2005 年第 1 期，第 5 ~ 6 页。

[221] 刑以群、田园：《企业演化过程及影响因素探析》，载于《浙江大学学报（人文社会科学版)》2005 年第 7 期，第 82 ~ 89 页。

[222] 张亚博：《商业银行财务管理与经济增加值问题研究》，载于《财政研究》2004 年第 12 期，第 56 ~ 58 页。

[223] 马永红、魏祯、郑晓齐：《企业 IT 投资业绩考核方法探讨》，载于

《管理世界》2004 年第 11 期，第 146 ~ 147 页。

［224］余颖、唐宗明、陈琦伟：《能力性经济租金：国有企业业绩考核新体系》，载于《会计研究》2004 年第 11 期，第 43 ~ 44 页。

［225］聂丽洁、王俊梅、王玲：《基于相对 EVA 的股票期权激励模式研究》，载于《会计研究》2004 年第 10 期，第 79 ~ 83 页。

［226］蒲自立、刘芍佳：《论公司控制权及对公司业绩的影响分析》，载于《财经研究》2004 年第 10 期，第 5 ~ 14 页。

［227］杜胜利、张杰：《独立董事薪酬影响因素的实证研究》，载于《会计研究》2004 年第 9 期，第 82 ~ 88 页。

［228］周红霞、欧阳凌：《企业非效率投资行为研究综述——基于股东与经理利益冲突的视角》，载于《管理科学》2004 第 6 期，第 24 ~ 29 页。

［229］范松林、李文娟：《宝钢钢管公司构建价值贡献模型探索》，载于《会计研究》2004 年第 5 期，第 57 ~ 61 页。

［230］张志宏、段兴民：《以 EVA 为内核的人力资本产权激励制度研究》，载于《南开管理评论》2004 年第 5 期，第 77 ~ 80 页。

［231］李常青、赖建清：《董事会特征影响公司业绩吗》，载于《金融研究》2004 年第 5 期，第 64 ~ 77 页。

［232］王化成、程小可、佟岩：《经济增加值的价值相关性——与盈余、现金流量、剩余收益指标的对比》，载于《会计研究》2004 年第 5 期，第 75 ~ 81 页。

［233］王化成、刘俊勇：《企业业绩考核模式研究——兼论中国企业业绩考核模式选择》，载于《管理世界》2004 年第 4 期，第 82 ~ 91 页。

［234］杨东宁、周长辉：《企业环境业绩与经济业绩前动态关系模型》，载于《中国工业经济》2004 年第 4 期，第 43 ~ 49 页。

［235］殷俊明、王平心：《基于 ABC 与 EVA 的产品盈利能力分析》，载于《管理科学》2004 年第 3 期，第 61 ~ 64 页。

［236］黄卫伟、李春瑜：《EVA 对股东和经理人博弈的影响》，载于《南开管理评论》2004 年第 2 期，第 66 ~ 71 页。

［237］魏锋、刘星：《融资约束、不确定性对公司投资行为的影响》，载于《经济科学》2004 年第 2 期，第 35 ~ 43 页。

［238］蒲勇健、宋军：《剩余索取权对银行代理人激励机制的博弈研究》，

载于《金融研究》2004 年第 1 期，第 78 ~ 86 页。

[239] 周齐武、邓峰、马如雪：《经济附加值业绩考核在中国企业中应用的潜在价值》，载于《南开管理评论》2004 年第 1 期，第 88 ~ 94 页。

[240] 杨东宁、周长辉：《企业环境业绩与经济业绩的动态关系模型》，载于《中国工业经济》2004 年第 4 期，第 43 ~ 50 页。

[241] 陈潭：《公共政策变迁的理论命题及其阐释》，载于《中国软科学》2004 年第 12 期，第 3 ~ 5 页。

[242] 汤谷良、林长泉：《打造 VBM 框架下的价值型财务管理模式》，载于《会计研究》2003 年第 12 期，第 23 ~ 27 页。

[243] 张纯：《公司业绩价值驱动器与关键业绩指数——基于经济增加值的员工激励机制探讨》，载于《财经研究》2003 年第 8 期，第 76 ~ 80 页。

[244] 胡玉明：“让经理人富有，但必须首先使股东更加富有——《经济增加值如何为股东创造价值》带来的思考”，载于《财务与会计》2003 年第 6 期，第 61 ~ 62 页。

[245] 朱武祥：《行为公司金融理论及其发展》，载于《经济学动态》2003 年第 4 期，第 63 ~ 64 页。

[246] 郭建：《建立和完善经营者长期激励机制》，载于《管理科学》2003 年第 4 期，第 88 ~ 93 页。

[247] 孙铮、吴茜：《经济增加值——盛誉下的思索》，载于《会计研究》2003 年第 3 期，第 8 ~ 14 页。

[248] 王喜刚、丛海涛、欧阳令南：《什么解释公司价值：EVA 还是会计指标》，载于《经济科学》2003 年第 2 期，第 98 ~ 106 页。

[249] 孙铮、吴茜：《中国 EVA 研究现状之评析》，载于《财务与会计》2002 第 12 期，第 9 ~ 11 页。

[250] 刘星、曾法：《我国上市公司非理性投资行为：表现、成因及治理》，载于《中国软科学》2002 年第 1 期，第 65 ~ 69 页。

[251] 滕藤：《生态经济与相关范畴》，载于《生态经济》2002 年第 12 期。

[252] 孙兴华、王兆蕊：《绿色会计的计量与报告研究”，载于《会计研究》2002 年第 3 期，第 54 ~ 57 页。

[253] 李心合等：《中国会计学会环境会计专题研讨会综述》，载于《会计

研究》2002 年第 1 期，第 58 ~ 62 页。

[254] 郑江淮、何旭强、王华：《上市公司投资的融资约束：从股权结构角度的实证分析》，载于《金融研究》2001 年第 11 期，第 92 ~ 99 页。

[255] 孙光国、池国华：《运用经济增加值指标考核国有企业经济效益更客观真实》，载于《财务与会计》2001 年第 2 期，第 48 ~ 49 页。

[256] 孙铮、李增泉：《收益指标价值相关性实证研究》，载于《中国会计与财务研究》2001 年第 2 期，第 1 ~ 72 页。

[257] 钱永苗、竺效：《试论可持续发展思想指导下的环境资源法之法律目的》，载于《2001 年环境资源法学国际研讨会论文集》2001。

[258] 杨鹏、徐志辉：《国生态经济学研究存在的问题及今后研究的建议》，载于《生态经济》2001 年第 1 期，第 4 页。

[259] 谷祺、于东智：《EVA 财务管理系统的理论分析》，载于《会计研究》2000 年第 11 期，第 31 ~ 36 页。

[260] 石田：《向着主流科学前进——生态经济学在中国的发展》，载于《中南财经大学学报》1999 年第 6 期，第 10 ~ 12 页。

[261] 赵伟、韩文秀等：《基于激励理论的团队机制设计》，载于《天津大学学报（社会科学版）》1999 年，第 23 ~ 26 页。

[262] 刘冰等：《企业激励理论综述与展望》，载于《中国软科学》1999 年，第 7 ~ 9 页。

[263] 张小利：《经济增加值与企业业绩考核》，载于《财务与会计》1998 年第 4 期，第 30 ~ 32 页。

[264] 林毅夫等：《充分信息与国企改革》，载于《市场经济导报》1998 年第 8 期，第 4 ~ 5 页。

[265] 陈毓圭：《环境会计和报告的第一份国际指南——联合国国际会计和报告标准政府间专家工作组第 15 次会议记述》，载于《会计研究》1998 年第 5 期，第 1 ~ 2 页。

[266] 张维迎：《从现代企业理论看国企改革》，载于《改革》1995 年第 1 期，第 30 ~ 33 页。

[267] 刘刚：《介绍一种衡量股份制企业经济效益的新方法——附加经济价值规则》，载于《财务与会计》1994 年第 8 期，第 25 ~ 26 页。

[268] 厉以宁：《关于社会主义市场经济的几个问题》，载于《时代论丛》

1994 年第 1 期，第 9 ~ 11 页。

［269］葛家澍、李若山：《九十年代西方会计理论的一个新思潮——绿色会计理论》，载于《会计研究》1992 年第 5 期，第 1 ~ 5 页。

［270］人民网 http：//politics. people. com. cn/ n/2013/1229/ c70731 – 23969798. html。

［271］新浪网 http：//gongyi. sina. com. cn/ greenlife/2013 – 09 – 23/110245552. html。

［272］新华网 http：//news. xinhuanet. com/ politics/2013 – 09/23/ c_125430656. htm。

［273］中央政府门户网 http：//www. gov. cn/ jrzg/2009 – 01/26/ content_1215631. htm。

［274］凤凰网 http：//news. ifeng. com/ a/20160602/48897673_0. shtml。

［275］国务院国有资产监督管理委员会 http：//www. sasac. gov. cn/ index. html。

［276］A. C. Worthington，T. West，"The Usefulness of Economic Value-Added (EVA) and its Components in the Australian Context"，*Social Science Electronic Publishing*，50 (11)，2001，3278 – 3293.

［277］Adam，G. Bumpus，Diana M. Liverman，"Accumul Ation by Decarbonization and the Governance of Carbon Offsets"，*Economic Geography*，84 (2)，2007，127 – 155.

［278］Adimando，C. R. Butler，et al.，"Stern Stewart EVA Round Table"，*Journal of Applied Corporate Finance*，7 (2)，1994，46 – 70.

［279］Aerts，W.，Cormier，D.，"Media Legitimacy and Corporate Environmental Communication"，*Accounting*，*Organizations and Society*，34 (1)，2009，1 – 27.

［280］Aggarwal，R.，A. Sam wick，"Empire-Builders and Shirkers：Investment，Firm Performance，and Managerial Incentives"，*Journal of Corporate Finance*，12 (3)，2006，489 – 515.

［281］Albuquerque，Rui，Neng Wang，"Agency Conflicts，Investment，and Asset Pricing "，*Journal of Finance*，2 (1)，2008，1 – 40.

［282］Almeida H.，M. Campello，M. Weisbach，"The Cash Flow Sensitivity of Cash"，*Journal of Finance*，40 (1)，2004，111 – 1804.

［283］Armstrong，M. S. Cowan，J. Vickers. Regula-tory Reform：Economic Analysis and British Expe-rience. The MIT Press，1994.

［284］Baker，G.，"The Use of Performance Measures in Incentice Contracting"，*American Economic Review*，40 (90)，2000，415 – 420.

［285］Balachandran，S.，P. Mohanram，"Using Residual Income to Refine the Relationship between Earnings Growth and Stock Returns", *Review of Accounting Studies*, 17 (1), 2012, 134 -165.

[286] Bartelmus P. "SEEA -2003: Accounting for Sustainable Development?" *Ecological Economics*, 61 (4), 2007, 613 -616.

[287] Bates, T., "Asset Sales, Investment Opportunities, and the Use of Proceeds", *Journal of Finance*, 40 (60), 2005, 105 -135.

[288] Ben-Hsien, Bao, "Use fulness of Value Added and Abnormal Economic Economic Earnings: An Empirical Examination", *Journal of Business Fiance and Accounting*, 25 (3) 1998, 251 -264.

[289] Bertrand, M., S. Mullainathan, "Enjoying the Quiet Life? Corporate Governance and Managerial Preferences", *Journal of Political*, 2003.

[290] Biddle, G. C., R. M. Bowen, et al., "Does EVA beat earnings? Evidence on Associations with Atock Returns and Firm Values", *Journal of Accounting and Economics*, 24 (3), 1997, 301 -336.

[291] Biddle, G. C., R. M. Bowen, et al., "Evidence on EVA", *Journal of Applied Corporate Finance*, 12 (2), 1999, 69 -79.

[292] Biddle, G. C., R. M. Bowen, J. S. Wallace, "Does EVA Beat Earnings? Evidence on Associations with Stock Returns and Firm Values", *Journal of Accounting and Economics*, 24 (3), 1997, 301 -336.

[293] Biddle, G. C., R. M. Bowen, J. S. Wallace, "Economic Value Added, Some Empirical EVAdence", *Managerial Finance Volume*, 24 (11), 1998, 60 -71.

[294] Boulding, Kenneth E., "The Economics of the Coming Spaceship Earth", *at the Sixth Resources for the Future Forum on Envi-onmental Quality in a Growing Economy in Washington*, 1966.

[295] Bromwich, M. M. Walker, "Residual income past and future", *Management Accounting Research*, 9 (4), 1998, 391 -419.

[296] Burnett, Royce. D. Hansen, Don R., "Eco-efficiency Defining a Role for Environmental Cost Management", *Accounting Organizations and Society*, 33 (6), 2008, 551 -581.

[297] C., and J. W. Fraas, "Coming Clean: The Impact of Environmental Performance and Visibility on Corporate Climate Change Disclosure", *Journal of Busi-*

ness Ethics, 100 (2), 2011, 303 - 322.

[298] C. D. Ittner, R. A. Lambert, D. F. Larcker, "The Structure and Performance Consequences of Equity Grants to Employees of New Economy Firms", *Electronic Journal*, 34 (2), 2003, 89 - 127.

[299] Chen, S., J. L. Dodd, "Economic Value Added (EVA): An Empirical Examination of a New Corporate Performance Measure", *Journal of Managerial Issues*, 9 (3), 1997, 318 - 333.

[300] CICA, Reporting on Environmenta Performance. Toronto, 1994.

[301] Claessens, S., Djankov S., Lang L. H. P., "The Separation of Ownership and Control in East Asian Corporations", *Journal of Financial Economics*, 40 (1 - 2), 2000, 81 - 112.

[302] Clark William, "A New Social Contract for Science", *Environment*, 47 (3), 2005, 0 - 2.

[303] Cormier, D., Ledoux, M. J., Magnan, M., "The Informational Contribution of Social and Environmental Disclosures for Investors", *Management Decision*, 49 (8), 2011, 1275 - 1304.

[304] Cox. P., P. G. Wicks, "Institutional Interest in Corporate Responsibility: Portfolio Evidence and Ethica Explanatio" . *Journal of Business Ethics*, 2011, 103 (1): 143 - 165.

[305] Dae, "Korea Public Enterprise Performance Evaluation System," *Asian Economic Journal*, 1988.

[306] Datar, S., S. C. Kulp, R. A. Lambert, "Balancing Performance Measures", *Journal of Accounting Research*, 39 (1), 2001, 75 - 92.

[307] Du Fei, Tang Guliang, Young S. Mark, " Influence Activities and Favoritism in Subjective Performance Evaluation: Evidence from Chinese State-owned Enterprises," *Accounting Review*, 87 (5), 2012.

[308] Dutta, S., S. Reichelstein, "Accrual Accounting for Performance Evaluation", *Review of Accounting Studies*, 10 (4), 2005, 527 - 552.

[309] Dutta, S. S. Reichelstein, "Asset Valuation and Performance Measurement in a Dynamic Agency Setting", *Review of Accounting Studies*, 4 (3 - 4), 1999, 235 - 258.

［310］ Dutta, S. S. Reichelstein, "Controlling Investment Decisions: Depreciation and Capital Charges", *Review of Accounting Studies*, 40 (2－3), 2007, 253－281.

［311］ Farley, J., R. Costanza, "Payments for Ecosystem" The MIT Press, 2010.

［312］ Fatemi, A., A. S. Desai, et al., "Wealth Creation and Managerial Pay: MVA and EVA as Determinants of Executive Compensation", *Global Finance Journal*, 14 (2), 2003, 159－179.

［313］ Fazzari S., Hubbard G., Peterson B., "Financing Constraints and Corporate Investmenf", *Brookings papers on Economic Activity*, 40 (1), 1988, 141－206.

［314］ Feltham, G. D., G. E., Issac, et al., "Perhaps EVA Does Beat Earings-Revising Previous Evidence", *Journal of Applied Corporate Finance*, 16 (1), 2004, 83－88.

［315］ Ferreira, A. D. Otley, "The Design and Use of Performance Management Systems: An Extended Framework for Analysis", *Management Accounting Research*, 20 (4), 2009, 263－282.

［316］ G. Allayannis, A. Mozumdar, "The Impact of Negative Cash Flow and Influential Observations on Investment-cash Flow Sensitivity Estimates", *Journal of Banking and Finance*, 28 (5), 2004, 901－930.

［317］ Godrej, A., "Creating Value at A Conglomerate: The Case of The Godrej Group", *Journal of Applied Corporate Finance*, 16 (1), 2004, 77－82.

［318］ Grullon, G., Michaely, R., "Corporate Payout PolicyAnd Product Market Competition", *Working Paper*, *NBER*, 2008.

［319］ Gugler, Klaus, "Corporate Governance and Investment", *Journal of the Economics of Business*, 40 (10), 2003, 261－289.

［320］ Heaton, J. B., "Managerial Optimism and Corporate Finance", *Financial Management*, 31 (2), 2002, 33－45.

［321］ Hodak, M., "How EVA Can Help Turn Mid-Sized Firms Into Large Companies", *Journal of Applied Corporate Finance*, 7 (1), 1994, 98－102.

［322］ Hodak, M., "The Vlable EVA Center (or How to Slice A Company So It Doesn't Bleed)", *Journal of Applied Corporate Finance*, 13 (3), 2000, 71－79.

[323] Hogan, C. E., C. M. Lewis, "Long-Run Investment Decisions, Operating Performance, and Shareholder Value Creation of Firms Adopting Compensation Plans Based on Economic Profits", *Journal of Financial and Quantitative Analysis*, 40 (4), 2005, 721 - 745.

[324] Holmstrom, B., "Moral Hazard in Teams", *Bell Journal of Economics*, 13 (2), 1982, 324 - 340.

[325] Hoshi, Gary C. Biddle, Robert M. Bowen, James S. Wallace, "Evidence on EVA", *Journal of Applied Corporate Finance*, 12 (2), 1999, 69 - 79.

[326] ICEW/Environment Agency, Sustainable Business: Turning Questions into Answers-Environment Issues and Annual Financial Reporting, *London: Institute of Chartered Accountants in England and Wales*, 2014.

[327] Ittner, C. D., D. F. Larcker et al., . "Performance Implications of Strategic Performance Measurement in Financial Services Firms", *Accounting Organizations and Society*, 28 (7 - 8), 2003, 715 - 741.

[328] Ittner, C. D., D. F. Larcker, et al., "The Choice of Performance Measures in Annual Bonus Contracts", *The Accounting Review*, 72 (2), 2002, 231 - 255.

[329] Ittner, C. D., F. Larcker, "Assessing Empirical Research in Managerial Accounting: a Value-based Management Perspective", *Journal of Accounting and Economics*, 32 (1 - 3), 2001, 349 - 410.

[330] James, B., Lewis, T., "Oligopoly and Financial Structure: the Limited Effect", *American Economic Review*, 76 (5), 1986, 956 - 970.

[331] James, C. J. Houston, "Evolution or Exrinction: Where are Banks Headed? ", *Journal of Applied Corporate Finance*, 9 (2), 1996, 8 - 23.

[332] J. C. Stein, "Efficient Capital Markets, Inefficient Firms: A Model of Myopic Corporate Behavior", *Quarterly Journal of Economics*, 104 (104), 1989, 655 - 669.

[333] Jensen, M. C., "Agency Costs of Free Cash Flow, Corporate Finance, and Takeovers", *American Economic Review*, 76 (2), 1986, 323 - 329.

[334] Jensen, M. C., W. H. Meckling, "Theory of the Firm: Managerial Behavior, Agency Costs and Ownership Structure", *Journal of Financial Economics*, 3 (4), 1976, 305 - 360.

[335] J. Gaspar, M. Massa, P. Matos, "Favoritism in Mutual Fund Families? Evidence on Strategic Cross-Fund Subsidization", *Journal of Finance*, 61 (1), 2004, 73 - 104.

[336] Joel Stem, "Corporate Governance, EVA, and Shareholder Value", *Journal of Applied Corporate Finance*, 16 (2 - 3), 2004, 91 - 99.

[337] John O'Hanlon, Ken Peasnell, "Wall Street's contribution to management accounting: the Stern Stewart EVA? financial management system", *Management Accounting Research*, 40 (4), 1998, 421 - 444.

[338] J. Peress, "The Tradeoff between Risk Sharing and Information Production in Financial Markets", *Journal of Economic Theory*, 145 (1), 2010, 124 - 155.

[339] Kin Cheung Liu, State Control and Performance Evaluation the Case of a State-owend Enterprise in China, *Journal of Applied Corporate Finance* 8 (6), 1995, 39 - 50.

[340] Kleiman, R. T., "Some New Evidence on EVA Companies", *Journal of Applied Corporate Finance*, 12 (2), 1999, 80 - 91.

[341] Kramer, J. K., J. R. Peters., "An Interindustry Analysis of Economic Value Added as a Proxy for market Value Added", *Journal of Applied Finance*, 11 (1), 2001, 41.

[342] Kubiszewski, I., R. Costanza, C. Franco, P. Lawn, J. Tal-berth, T. Jackson and C. Aylmer, "Beyond GDP: Measuring and Achieving Global Genuine Progress", *Ecological Economics*, 2013, 57 - 68.

[343] Kubo, K., "Executive Compensation Policy and Company Performance in Japan", *Corproate Governance: An Internatinal Review*, 13 (3), 2005, 429 - 436.

[344] Lehn, K., A. K. Makhija, "EVA, Accounting Profits, and CEO Turnover: An Emptrical Examination, 1985 - 1994", *Journal of Applied Corporate Finance*, 10 (2), 1997, 90 - 97.

[345] Lin, J. Y., Tan, G. Policy, Burdens, "Account-ability and Soft Budget Constraints." *American E-conomic Review*, 1999.

[346] Lovata, L. M., "Costigan. Empirical Analysis of Adopters of Economic Value Added", *Management Accounting Research*, 40 (2), 2013, 215 - 228.

[347] Malmendier, U., Tates, G., "CEO Overconfidence and CorporateIn-

vestment", *Journal of Fmance*, 60 (6), 2005, 2661 – 2700.

[348] Malmi, T., S. Ikäheimo, "Value Based Management Practices-Some Evidence from the Field", *Management Accounting Research*, 14 (3), 2003, 235 – 254.

[349] Manner. M., "The Impact of CEO Characteristics on Corporate Social Performance". *Journal of Business Ethic*, 2010 (93): 53 – 72.

[350] Martin, Stepher, David Parker, "The Impact of Privatization-Ownership and Corporate in the UK", *Rontledge*, 1997.

[351] Mc Cormack, J. I. D. Gow, "EVA in The E and P Industry: The Case of Nuevo Energy", *Journal of Applied Corporate Finance*, 13 (4), 2001, 76 – 86.

[352] Mc Cormack, J. L. J. Vytheeswaran, "How to Use EVA in The Oil and Gas Industry", *Journal of Applied Corporate Finance*, 11 (3), 1999, 109 – 131.

[353] Michael Howlett, Mramesh. Studying Public Policy: Policy Cycles and Policy subsystems. *Ox-ford University Press*, 1995, 80 – 98.

[354] Milano G. V., "EVA and The New Economy", *Journal of Applied Corporate Finance*, 13 (2), 2000, 18 – 128.

[355] Minton, B. A., C. Schrand, "The Impact of Cash Flow Volatility on Discretionary Investment and Yhe Costs of Debt And Equity Financing an Analysis of Bond Covenants", *Journal of Financial Economics*, 54 (3), 1999, 423 – 460.

[356] Modigliani, F., Miller, M., "The Cost of Capital, Corporation Finance andthe Theory of Investment", *American Economic Review*, 48 (4), 1958, 261 – 297.

[357] Morck, Randall, Andrei Shleifer, Robert Vishny, "Management Ownership and Market Valuation: An Empirical Analysis", *Journal of Financial Economics*, 20 (1 – 3), 1988, 293 – 315.

[358] Myers, Stewart C., Majluf, Nicholas S., "Corporate Investment and Financing Decisions When Firms Have Information that Investors Do Not Have", *Journal of Financial Economics*, 913 (2), 1984, 187 – 221.

[359] Narayanan, P. M., "Managerial Incentives for Short-term Results", *Journal of Finance*, 40 (5), 1985, 1469 – 1484.

[360] N. Barberis, M. Huang, R. H Thaler, "Individual Preferences, Monetary Gambles and the Equity Premium", *Electronic Journal*, 40 (6), 2003, 69 – 84.

[361] O'Hanlon, J. K. Peasnell, "Residual Income and Value-Creation: The Missing Link", *Review of Accounting Studies*, 7 (2 –3), 2002, 229 –245.

[362] O'Hanlon, J. K. , Peasnell, "Wall Street's Contribution to Management Accounting: the Stern Stewart EVA Financial Management System", *Management Accounting Research*, 9 (4), 1998, 421 –444.

[363] Onishi, Y. , K. Kokubu, M. Nakajima, "Implementing Material Flow Cost Accounting in a Pharmaceutical Company", *Environmental Management Accounting for Cleaner Production*, *Eco-Efficiency in Industry and Science*, 8 (24), 2008, 394 –409.

[364] Peter Marshall, Nature's Web: Rethinking Our Place on Earth, *New York: Paragon House*, 1992.

[365] P. , John, W. Maxwell, "Greenwash: Corporate Environmental Disclosure Under Threat of Audit", *Journal of Economics and Management Strategy*, 2011 (20) .

[366] Riahi-Belkaoui, Ahmed, M. A. Fekrat, "The Magic in Value Added: Merits of Derived Accounting Indicator Numbers", *Managerial Finance*, 20 (9), 1993, 3 –15.

[367] Richardson, S. , "Over-Investment of Free Cash Flow", *Review of Accounting Studies*, 11 (2 –3), 2006, 159 –189.

[368] Rogerson, W. P. , "Intertemporal Cost Allocation and Managerial Investment Incentives: A Theory Explaining the Use of Economic Value Added as a Performance Measure", *The Journal of Political Economy*, 105 (4), 1997, 770 –795.

[369] Roll, Richard, " The Hubris Hypothesis of Corporate Takeovers", *Journal of Business*, 2 (1), 1986 (7 –14).

[370] Ryan, H. E. , E. A. Trahan, "Corporate Financial Control Mechanisms and Firm Performance: The Case of Value-Based Management Systems", *Journal of Business Finance and Accounting*, 34 (1 –2), 2007, 111 –138.

[371] Sakata, K. E. H. Kim, "EVA and Shareholder Value in Japan", *Journal of Applied Corporate Finance*, 9 (4), 1997, 94 –114.

[372] S. A. Ross, "The Economic Theory of Agency: The Principal Problem", *American Economic Review*, 63 (2), 1973, 134 –139.

[373] Schaltegger, S. , Zvezdov, D. , "Expanding Material Flow Cost Ac-

counting: Framework, Review and Potentials", *Journal of Cleaner Production*, 2015, 108 (12): 1333 - 1341.

[374] Shleifer, A., R. W. Vishny, "A Survey of Corporate Governance", *Journal of Finance*, 52 (1), 1997, 737 - 782.

[375] Shleifer, State Ownership vs Private Own-ership, Journal of Economic Pers Pectives, 1 (1), 1998, 133 - 150.

[376] Soter D., "Finacial Steategy for Middle Market Companies: A Roud Table Discussin", *Journal of Applied Corporate Finance*, .12 (4), 2000, 38 - 59.

[377] Stark, A. W., H. M. Thomas, "On the Empirical Relationship between Market Value and Residual Iincome in the U. K", *Management Accounting Research*, 9 (4), 1998, 445 - 460.

[378] Stein J., "Efficient Capital Markets, Inefficient Firms: A Model of Myopic Corporate Behavior", *Quarterly Journal of Economics*, 104 (4), 1989, 655 - 669.

[379] Stephen F., O'Byrne, S. David Young, "Why Capital Efficiency Measures Are Rarely Used in Incentive Plans, and How to Change That", *Journal of Applied Corporate Finance*, 21 (2), 2009, 87 - 92.

[380] Stephen Riceman, Steven Cahan, Mohan Lal, "Do Managers Perform Better under EVA Bonus Schemes?", *European Accounting Review*, 11 (3), 2002, 537 - 572.

[381] Stern E., "China Adopts EVA, An Essential Step in the Great Leap Forward", *Journal of Applied Corporate Finance*, 23 (1), 2011, 57 - 62.

[382] Stern, J. M., G. B. Stewart, D. H. Chew, "The EVA Financial Management System", *Journal of Applied Corporate Finance*, 8 (2), 1995, 32 - 46.

[383] Steven, N. Kaplan, Luigi Zingales, "Do Investment-Cash Flow Sensitivities Provide Useful Measures of Financing Constraints?", *Quarterly Journal of Economics*, 112 (1), 1997, 169 - 215.

[384] Stewart, G. B, "EVA: Fast and Fantasy", *Journal of Applied Corporate Finance*, 7 (2), 1994, 71 - 84.

[385] Stewart, "The Quest for Value", New York: Harper Business. 1991.

[386] Takeo Hoshi, Anil Kashyap, David Scharfstein, "Corporate Structure, Liquidity, and Investment: Evidence from Japanese Industrial Groups", *Quarterly*

Journal of Economics, 106 (1), 1991, 33 -60.

[387] T. Opler, L. Pinkowitz, R. Stulz, R. Williamson, "Corporate Cash Holdings", *Journal of Applied Corporate Finance*, 14 (1), 2001, 55 -67.

[388] Trump. C. , Endrikat. J. , Zopf. C. et al. , "Definition, Conceptualization and Measurement of Corporate Environmental Performance: A Critical Examination of a Multidimensional Construct", *Journal of Business Ethics*, 2015, 126 (2): 185 -204.

[389] U. Malmendier, G. Tate, "Does Overconfidence Affect Corporate Investment? CEO Overconfidence Measures Revisited", *European Financial Management*, 11 (5), 2005, 649 -659.

[390] UN, EU, FAO et al. , "System of Environmental-Economic Accounting 2012: Central Framework", *New York*: *United Nations*, 2014, 378.

[391] United Nations, European Commission, "Food and Agriculture Organization, International Monetary Fund, Organisation for Economic Cooperation and Development", *The World Bank*, 2012. *System of Environmental-Economic Accounting*, 2012.

[392] Vogt S. , "The Cash Flow Investment Relationship: Evidence from U. S. Manufacturing Firms", *Financial Managements*, 5 (6), 1994, 3 -20.

[393] Weber. T. A, Neuhoff. K. , "Carbon Markets and Technological Innovation". *Journal of Environmental Economics and Management*, 2010, 21 (2): 115 -132.

[394] Y. Kim et al. , "Study on Development of Appraisal Business Performance Indicator," *Science and Business Media Dortdrecht*, 2012.

[395] Young S. D. , "Some Reflections on Accounting Adjustments and Economic Value Added", *Journal of Fiancial Statement Analysis*, 4 (3), 1999, 7 -13.

[396] Zhang, X. Z. , "Enterprise Management Control Systems in China" Berlin: *Springer Berlin Heidelberg*, 2014.

后 记

时光荏苒，白云苍狗，朝乾夕惕又一载！当本书的最后一句话画上句号时，我的心情是复杂的，各种情绪一起涌来，令我心潮澎湃。有释然，有感慨，有忐忑，但更多的是为一路走来得到的帮助和支持而感激！

本书是在笔者博士后出站报告基础上完成的，衷心感谢我在首都经济贸易大学做博士后期间的合作导师杨世忠教授！没有杨教授的支持和帮助，我的研究将难以为继，正是杨教授每次提出的关键建议，才使我顺利地展开后续的写作。虽然杨教授平时工作繁忙，但对我的指导建议却非常认真、细致，每一次都能令我醍醐灌顶。杨教授渊博的学识和严谨的治学态度不仅使我在专业研究上不断进步，更教会我具有踏踏实实做学问的学术精神。除了知识上的收获，杨教授儒雅的风度，为人师表，谦和、宽厚、豁达的处世哲学更令我钦佩！

衷心感谢首都经济贸易大学会计学院的顾奋玲院长、许江波书记、于鹏副院长、赵懿清副院长、田瑜副书记、蔡立新主席对我工作上的指导、信任和每次给予的宝贵锻炼机会！感谢会计学院所有前辈、老师对我工作上的指点，能和各位才华横溢的老师一起工作我感到非常荣幸！

感谢首都经济贸易大学工商管理博士后流动站张馨予老师、周静老师细心的工作和辛勤付出，感谢两位老师给予我真诚的帮助！

衷心感谢各位同门兄弟姐妹们，感谢李丰杉博士后、陈波博士、陈晓梅博士、段远刚博士、谭振华博士、王世杰博士、赵欣博士，师妹胡洋洋、王欣、樊萌、师弟赵腾、王涛，感谢你们对我学习和生活上给予的帮助及支持，与你们相处的点点滴滴都令我难忘。

感谢在本书写作中给予我帮助的所有人！感谢我在中国人民大学攻读博士学位期间的导师孙茂竹教授，感谢中国交通建设集团有限公司财务部的连敏副总、中国航空工业集团公司财务部的王峥嵘处长、中国五矿集团公司五矿资源有限公司李福利董事长、中国兵器装备集团公司财务部冯长军副主任、中国中化集团公司会计管理部总经理助理王凌女士以及中国华能集团财务部李宏飞先生、中国机械工业集团中工国际的张春燕女士，在博士论文写作调研阶段耐心接受我的访谈，并提供了宝贵的信息。感谢我的师兄——中国邮政集团财务部会计处的胡尔纲处长和中国船舶集团有限公司的周冠午博士，师姐神华集团注册会计师王旭芳博士，我的好友中央国债登记结算有限责任公司的温权博士后。感谢中国科学院广州能源研究所的专家、学者，黑龙江农垦总局和建三江管理局财务处的领导和同仁们在实地调研中对我的帮助。

衷心感谢经济科学出版社的谭志军副编审及其同仁对本书出版的支持和付出的辛勤劳动！

感谢参考文献中提及的作者！他们的思想和学术观点给本书的撰写带来知识和启发。

最后，感谢父母对我的养育、栽培和鞭策。感谢爱人一直以来对我的理解和支持。因为有家人的鼓励，我才能坚定地完成本书的撰写。

对于书中的缺点和错误，希望得到读者的批评指正！

方心童

2020 年 1 月于北京